め……本屋

……続ける道

竹田信弥

本の種出版

めんどくさい本屋

１００年先まで続ける道

竹田信弥

はじめに

変な形の扉を開く。

いらっしゃいませ、こんにちは、と奥のほうから声が聞こえる。木箱を重ねて作った本棚に隠れて、店員の姿は見えない。店内には所狭《ところせま》しと本、本、本。棚のあちこちに、作家の名前の彫り込まれている木のプレートがある。ざっとみて100個以上。ほかに手作りのブックエンドも棚にちらほら展示されている。

店内は平日の夜なのに、賑《にぎ》わっている。みんな手には本をもっている。奥にギャラリーがある。10人くらいの老若男女が議論している読書会だ。壁には今後の予定と書かれた紙。日々いろんな本の読書会が予定されている。店舗のほうでも3、4人の大人たちが本について立ち話をしている。足元で子どもたちが寝転がりながら絵本を読んでいる。夜深くまで続く。

この風景に、ぼくはいない。たぶん。だって100年後のうちのお店の姿だから。

これは、いま思い描く理想の未来のひとつだ。

はじめまして。東京の赤坂にある、双子のライオン堂という小さな本屋の店主の竹田信弥《たけだしんや》です。

この本は、レーベル『ミライのパスポ』のひとつとして刊行されます。

本屋の店主が書いた本ですが、本屋開業のハウツー本ではありません。本屋について詳しくなったり、本屋をやりたい人は『街灯《まちあか》りとしての本屋』（雷鳥社）をお読みください。

ではどんな本なのか。

「好きなものを残すため、がむしゃらに生きる」ことを選んだぼくが、日々いろんなことに悩んだり壁にぶつかったり、誰かに手を差し伸べられたりした体験を素直《すなお》に書きました。

整ったキャリアの記録ではないですが、それらを共有することで、十代後半から二十代前半くらいの人に、「こんな生き方もありなんだ」と少しでも選択肢を広めてもらうことができたらいいなと思います。

友達の話を聞くように、ほどよく脱力した気持ちで時には突っ込みを入れつつ、読んでいただけたら幸いです。

もくじ

第4章 この場所に集まる人たちと 163

双子のライオン堂宣言

百年先にも本屋を残したい。
いつからか、そう思うようになっていた。

ぼくは、高校2年生のときに、インターネット上に本屋をつくった。

つまらない、つらい高校生活を打破しようと、もがいていた。怪我《けが》で部活をやめて、ギリギリ保っていた気持ちも切れてしまった。悶々《もんもん》とどうすることもできない日々が続いて、そんなときの逃げ場所は生活圏にあったいくつかの本屋だった。

よく本の世界が自分を救ってくれた、という話を聞くことがある。ぼくもそんなふうに取材などで答えた記憶がある。それは嘘《うそ》じゃないけれど、もっと丁寧《ていねい》に言えば、本の世界ではなくて、「本屋」という場所が救ってくれたと言ったほうが正しい。

中学生になってから、毎日本屋に通うようになった。当時は、家の近所に新刊書店が3軒あった。古本屋も2軒あった。隣駅も含むと10軒以上の新刊書店と古本屋があった。特に目的もなく日替わりで通った。そう品揃えが変わるわけでもないし、欲しい本が全て買えるわけでもない。それでも、毎日行きたい場所だった。

そこに行けば、何かが見える。

毎日毎日、新しい悩みや不安が生まれては消えていたあの頃。今思えば些細《ささい》なことばかりだけど、当時の自分にはとても重大なことばかり。本屋に行けば、それらの答えがある気がした。実際に、答えに出会うこともあった。

もちろん、全ての答えがそこにあるわけじゃない。それも分かっていた。ヒントになる本。気晴らしになる本。次の本へ導いてくれる本。いろいろな種類の本が、生きる糧《かて》になっていた。

最近、その頃のことを思い出して、ふと「本屋浴」なんて言葉が浮かんだ。

本屋は知識の森だなんていう人もいる。もちろん、比喩《ひゆ》だ。

ぼくは、森とまでは言わなくても、草木の生い茂る場所に行って深呼吸したくなることがある。海に行って海風に当たりたくなることがある。それと同じで、本屋に行って耳を澄ましたくなる。自然の中にいると癒《いや》される感じがするのと同じものを、本屋の中で感じる。

そんな、自分にとって大切な場所を守りたい、ただそれだけ。でも、それがとても難しかったりする。

本屋を取り巻く現状はとても厳しい（主に経済的な面で）。これからしばらくは、どんどん厳しくなるだろう。それでも、ぼくは本屋という場所を残し続けたい。人それぞれ程度の差はあっても、数年前のぼくと同じように考えて、本屋に救われたり、大切に思う人がいたり、これから必要になる人もいるはずだから。

とにかく生き残って、１００年後にぼくのお店だけでも残っていて、やっぱり本屋って必要でしょ？　と言いたい。

そして、これを言うことで、他の本屋も「うちの店こそが残るんだ！」と考えるようになってくれればいい（実際にそう言ってくれる同志もいる。シメシメだ）。

だからぼくは、生き残るための戦略をとことん考える。

できることを、悔いのないようにやる。もちろん、限界はあるけど。

例えば、本屋の売上だけに頼らないで生きること。他の仕事をして、本屋とともに生きる方法を模索する。日々の売上に一喜一憂《いっきいちゆう》しない仕組みをつくったうえで、なるべく本屋に還元したい。未来への投資。新しい試みや実験、挑戦をする。または誰かの実験をサポートする。そこには失敗も伴《ともな》うかもしれない。怖いけど、恐れてはいけない。

まだまだ、どうしたら100年も生き残れるか分からない。でも、生き残ることを目標にして、がむしゃらに努力していく。それが今のぼくにとっての生きがいだ。

よく、何を訳の分からないことを言っているんだ、と突っ込まれることもあるけど、最後に生き残ってこそだと思っているので気にしない。

とにかく、ぼくは本屋を生き残らせたい。

できれば、今までの歴史の倍くらいに。

だから本当は、100年生き残るなんて実は、はじめの一歩でしかないのかもしれない。

双子のライオン堂とは

店主が高校２年生のとき（2003年）、前身となるネット古書店を開業。高校３年生になった2004年５月に双子のライオン堂へリニューアルした。

大学生、社会人になってからもネット古書店を継続し、ある物件との出会いによって、2013年４月に東京都文京区白山《はくさん》で選書専門のリアル店舗をオープン。2015年10月に港区赤坂へ移転して、今に至る。

営業時間は、水曜・木曜・金曜・土曜の15～21時。日曜は不定期で営業。

◉モットー

『ほんとの出合い』
『100年残る本と本屋』

◉ヴィジョン

衰退産業と言われる出版業界ですが、「本」そのものの魅力が失われたとは思っていません。当店は、「本」とそれに係わるモノの未来を切り開いていきます。

◉ミッション

お客様にとってそのとき一番必要な本に出会うためのサポートに全力を尽くす。
「本」とそれに係わるモノの未来のためなら、どんなことでも意欲的に挑戦する。

◉ゴール

世界中に、双子のライオン堂を作る。
読書家の選書者による100人の100冊アーカイブの作成。

※2013年の白山店開店時に設定

「双子のライオン堂」赤坂店の外観

第0章

双子のライオン堂と店主の日常

――ある1週間の動き

本屋の店主であるのと同時に、いくつかのアルバイトを抱えているぼくが、普段どんな1週間を過ごしているのかを、簡単にたどってみたいと思います。

◉月曜日

朝、目が覚めるとすぐメールなどの連絡事項をチェックする。このときいつも、どこからかお叱《しか》りの連絡がないかと緊張している。朝ごはんを食べて、アルバイトに行く準備。服装にはこだわりがないので、目に付いた服を着る。

朝の支度《したく》で、一番悩むのは、その日に持ち歩く本を何にするか。ここで、読む本ではなく持ち歩く本としているのは、自分でも読めないことは分かっているから。それでもたくさんの本を選ぶ。選ぶ基準は次のとおり。

読まなければいけない本が存在する。読書会の課題本は、優先的に読まなければいけない。余裕があれば、読書会の課題本の関連本も読みたい。

その次に、紹介や感想、書評の依頼に関する本。何度も読まないと書けないので、依頼を受けてから書き終えるまでずっと持ち歩くことになる。

続いて、借りている本や献本いただいたもの。最後に自分の趣味的なもの。この日も厳選した7冊とともに家を出る。アルバイトの出勤先が流動的なので、それに合わせて道順を考える。ちゃんと落ち着いていないと間違えることがある。ふと身を任せたら自分のお店のほうに向かっていることもある。最近は、一度立ち止まって深呼吸することを心がけている。

移動時の決め事がある。徒歩《とほ》のときはラジオを聴く。電車に乗ったら読書。ラジオが好きで、最近はラジオの聴き直しが可能になったためずっとラジオを聴き続けてしまい、一時期読書の時間が取れなくなり、慌ててそのルールを自分に課すようにしたのだ。

アルバイトの業務は多岐《たき》にわたる。清掃もあれば、コールセンターも営業訪問の仕事もある。清掃も一つの場所を清掃し続ける日もあれば、都内何か所も移動しながらの日もあって、大変だけど飽きることはない。

夕方までその日与えられた作業をして、少し遅い昼休憩の時間を使って、神田村《かんだむら》へ行く。神田村とは中小取次街のこと。そこへ本の仕入れをしに行く。本の仕入れをしているときはとても楽しい。どの本もお店に持って帰りたくなる。

でも、場所は有限なので、それはかなわない夢。ギリギリのところで、これは回転率が高そうだからよしとか、これは一生もののラインアップだなとか、考えながら仕入れる。選書してくれている方の本は常備するようにしているので、たくさん仕入れたりする。

最近、悔い改めているのは、つい2冊ずつ仕入れてしまうくせについて。よほどのことがないと同じ日に同じ本が売れることはない当店だけど、どうしてもどうしてもお客様が買いそびれないようにと複数仕入れちゃうのだ。だから、うちの在庫は現在約4000冊だけど、実質2500~3000タイトルだと思う。これを在庫が少ないと考えるか、難しいところだ。最近は我慢して1冊の仕入れに努めている。

休み時間から戻ると、コールセンターの仕事。といっても事務所の電話番という感じの見た目。でも仕事先の会社のサイトには「コールセンターはこちら」と書いてある。電話をかけた側はそう思っているはずなので、こちらも少なくともコールセンターだという感じで待機している。声色《こわいろ》も少しよそ行きを準備している。イメージは、自動車保険のCMみたいな感じ。気持ちの問題。

夜になり、残業している社員さんを横目に掃除の仕事。だいたい20時くらいまでのシフト。そこから夕食を食べて、原稿を書いたり、テレビを見たり、通販分の配送手配をしたり、選書したり、メールの返信をしたりする。小説を書いたりして、夜中の3時から4時頃に、ちょっと休もうと思ってソファで横になって、そのまま朝まで寝ていることが多い。

◉火曜日

以降、毎日のルーティンは省《はぶ》く。

火曜は基本休みにしている。とはいえ、自社の事務仕事や原稿やイベントの準備と事後処理など、ここで取り返すことになる。最近では、遠方への取材をしたりする曜日にも。

それでも、早く起きなくてよいので、気は楽。午前中はのんびりだらだらと過ごす。

午後から本格始動。妻と時間が合えば、買い物や美術館に行ったり映画を見たりする。合わないときは、事務仕事をしたりする。

事務仕事のときは、だいたい海外ドラマを見ながらやる。特にゾンビものが好き。怖いものやグロいものが嫌いなのに、ゾンビだけは好き。自分でも謎。でも、好き。ゾンビ欲がある。あーゾンビ映画見たいなあー！　あーゾンビゲームしたいなあー！　みたいな。あるとき、妻に「ゾンビ浴？」と訊かれたことがある。確かに浴びるようにゾンビコンテンツを消費している気もしたりする。

家から出ない日は、一瞬たりとも出ない気持ちでいるけど、夕方に本屋に行きたくなる。幸い最寄り駅のすぐ近くに新刊書店がある。あと、隣駅にも自転車を使えば5分で行けて、新刊書店と古本屋がある。大型スーパーの中にも本屋がある。そのうちのどこかへ行く。たまに夜中に、代官山の蔦屋《つたや》書店とかにも行く。夜中に自転車で街を移動するのは楽しい。あとコインランドリーも。

◉水曜日

だいたいアルバイト。月曜と同じで、どこで何をするのかは当日分かる。朝一で確認して、それに合わせて移動する。

最近は、倉庫の整理、支店の清掃状態を確認して回る仕事が多い。倉庫では、不具合とされて処分前のものの中から、まだ使えるものを修理したりする。どうしても直らないものは完全に処分する。

処分するものの中から、他で使えるパーツだけ取っておくというのもある。この作業は奥が深い。一緒に仕事をする人との捨てるラインの攻防である。会社側からの指示は「壊れていたり、汚れていたら捨てていいよ、使わなそうなものは訊いて」くらいのもの。お互いの使えないレベルと汚れているレベルに差があるので、ちょいちょい議論になる。それがまた楽しい。

一方で支店回りは、ずっと歩きっぱなし（最近は自転車を使うことも多い）。支店が都内十数か所、東西南北に広がっている。まずどうやって回るかのルートを考えるのが難しい。効率よく、無駄なく回りたい。うまくいかないけど。

また、支店の予定でチェックできないタイミングもあり、先方の予定も押さえておかないといけない。ルートを決めたら早速《さっそく》出発。ひたすらスケジュールのとおり回るのみ。あとこのとき、休み時間を使って、その街の本屋さんを覗くようにしている。

また、水曜日はお店の営業日だけど、店番を家族がやってくれる日なので、夜に打ち合わせや外部のイベントの予定を入れることが多い。

打ち合わせは、リアルで会うこともあるし、オンラインのこともある。当店で刊行している文芸誌『しししし』の編集会議やイベントの内容に関するミーティング、あと新しく本屋を開きたい人や本屋に関するイベント開催、出版に関する相談というのもある。

定期的な打ち合わせは、だいたい雑談から始まる。「あー最近あの本読んだよ」「あのゲーム面白い」「こんな企画やりません？」みたいな感じだ。次第《しだい》に本題が始まる。ぼくが無茶（夢）を言って、他のメンバーが現実のラインを考える。で、その話にさらに無茶を足す。平行線のときもあれば、急にバチッと決まることもある。場合によっては、通信をつなげたまま作業をして、気になることがあれば聞く。そんなときもある。

◉木曜日

午前中は、諸作業をする。出荷作業は毎日あるが、大きなものはこのタイミングで処理する。中央郵便局に行くとか。通常ならギリギリまで家で作業をして、お店に向かう。たまに、早く出て取次に行くこともある。

お店に着くと、掃除をして、棚のメンテナンスをする。そのあと、昨日の売れた本などをチェック。お湯を沸かす。パソコンを広げて、各種の連絡などやらないといけないことをお客様が来るまでひたすら続ける。か、ついつい本を読み始めてしまい、そのまま営業時間が終わっていることもある。お客様とずっと話し込んで終わる日もある。

お客様の来店には波がある。突然どかっと人が来たり、そうかと思うとそれ以降、誰も来ずなんてこともある。

帰宅して、仕事が残っていれば、続きをやる。木曜日は週末が近いためか、やることが多く、気がつくと朝になっていることが多い。

◉金曜日

金曜日はアルバイトと店番の両方がある日。ただ、朝に『渋谷のラジオ』の「渋谷の本屋さん」に不定期で呼んでいただけることがある（残念なことに番組は2020年3月で終了。もしかしたら何かしらの形で引き継ぐかも）。放送のある日は、8時までに渋谷のスタジオに行く。8時から約1時間、本や本屋の話をする。ぼくの役割は、だいたい友人の本屋さんや作家さん、編集者さんを紹介すること。あとは、相槌《あいづち》を打ったり。

終わったら、アルバイトへ向かう。それから神田村に仕入れに寄って、18時頃にお店へ向かう。それまでは店番を家族がやってくれている。その日に訪ねてきた来客の話や売れた本の話など引き継ぎをする。または企画の相談などをする。

ここ数年継続しているブックエンド展（さまざまな本立てを作品として陳列し、販売や、アンケートによる評価なども行う展示会）は父が企画した。それについての課題などを話し合ったりする。

それから棚の整理と売れた本のチェック。その後、土曜日はだいたい読書会なので、その準備をする。と言っても椅子を並べて、会場の掃除をして、関連本を本棚からピックアップする程度だけど。

◉土曜日

午前中に予定がない場合は、だいぶのんびり起きる。ただし、あまりのんびりしすぎてしまうと、読書会などがあるので慌てて準備をして出かけることになる。イベントの30分前には着くようにしている。

この日は、正午頃にお店へ到着。イベント開催までに、本を読み直す。どんな話をしようかを考えておく。読書会は、常連のお客様である田中《たなか》佳祐《けいすけ》君（この本の座談会「双子のライオン堂の読書会」にも登場する）が有志で司会をしてくれることが多い。

読書会には、いろんな形式がある。決まった形はない。うちの読書会では、課題本を事前に読んできて、感想や疑問などを順番に共有していく（詳しくは当店で刊行している文芸誌『しししし』の読書会コーナーを読んでいただければ雰囲気《ふんいき》が伝わるはず）。

多い日は、3つの読書会を行う。さすがに3つ終わったあとはヘトヘト。終了後、田中君や残ってくれたお客様と立ち話をしながら、次のイベントについて考える。打ち上げはあまりしない。営業後も残って本の話をひたすらすることはある。

◉日曜日

赤坂に移転してきた頃は、実は営業日だった（家族が店番を担当）。しかし、すぐに日曜日は、赤坂に人がいないということが分かり、定休日に変更。ただイベントなどがある日は営業するので、今では不定休日としている。最近は日曜日のイベントも増えていて、結構お店を開けている。

また、お店は休みでも、イベントに呼んでいただくことも増えており、取材をしにいく日になったりと、休日という感じではない。なので、予定が詰まりすぎている週の次の月曜は、アルバイトをお休みにしてもらうこともある。

完全に休みの日は、家族で買い物に行ったり、映画や美術館に行ったりする。外出先でも本屋を見つけるたびに、入ってしまう。口ではこれも調査だからと言っているが、まあ正直に言えばただただ自分が本屋にいたいだけなのだ。

ぼくはだいたい、こんな日々を送っている。
忙しいと言えばそうだけど、楽しくはやっている。
果たして本屋をやっていると言っていいのだろうか。
こんな日常になった経緯も、これから書いていこうと思う。

第1章

気がつけば本屋をやっていた

この本が出ている頃、ぼくが双子のライオン堂という屋号を使い始めてから、16年が経ちます。ありきたりな表現ですが、ものすごく長い時間のようにも思えるし、そうでもないという気持ちもあります。

高校生のときに、どんなふうにネット古書店を始めたかを、まずは書いていきます。

1　閉《へい》塞《そく》感《かん》からの脱出

「本」との遭遇《そうぐう》

中学3年生のときに、ぼくは「本」に出会いました。それは受験勉強からの逃避でした。勉強することは決して嫌いではなかったのです。ただし、頭はよくなかった。勉強しても成績がよくならないのは、思っているよりつらい。成果が欲しい、手応えが欲しい、と思うのですが、頑張っても思うように成績は伸びず、ちょっとずつ受験勉強が嫌いになっていきました。「学ぶこと」は好きなのに、「受験勉強」は嫌なものになっていきました。

中学校は地元の公立でした。高校受験に対する意識が高い地域で、学校の環境もよかったです。また、中学進学と同時に入った塾も先生がとても情熱的でした。高校受験に向けて、中学1年生の頃からいい感じでスタートできていました。

しかし、心意気と成績は連動せず、中の中くらいの学校成績。塾でも、あとから入ってきた友達に成績順位を抜かれていく始末。志望校欄は学年が上がるにつれて、行きたい学校名を書き換えていかないといけない状態でした。

それでも、できる限り必死に勉強はしていました。学校もサボらず、塾もサボらず。そのため、なんとか無事に希望の私立校へ入学できました。後日知ったことですが、塾の先生が「彼は大学受験なんてもうできないから、絶対に付属校に行かせなさい」と、両親に伝えていたそう。大正解だと思います。

必死に勉強しましたが、もちろん逃げることも多々ありました。

中学3年の夏に、それまで話したことのない同級生K君と仲良くなりました。その友達との出会いで本好きに変わっていきます。それ以前のぼくは、どちらかといえば外で体を動かして遊ぶのが好きなほうで。漫画は読んでいましたが、本は年に数冊程度でした。

ある日一緒に帰宅した際に、彼が読んでいる本のあらすじを、ぼくに話してくれました。それがとてつもなく面白そうなのです。本＝文学／純文学、教科書に載っている説教くさい小説群と認識していたぼくの脳味噌《のうみそ》は、そんな漫画みたいな小説もあるの？　と驚き、興奮していました。何よりK君は、あらすじをまとめるのがうまかったのを覚えています。ちなみに、ライトノベルというジャンルの小説でした。

その日のうちに地元の本屋に駆け込み、読みました。一晩もかからず読み終わり、翌日紹介してくれたK君と感想を話し合いました（思えばこれが、双子のライオン堂の代名詞ともなる読書会の、第1回だったのかもしれません）。

すぐに読めるという体験も衝撃でした。それまでのぼくは、国語の教科書に掲載されている数ページしかない短編小説ですら、一週間では読み終えられずにいました。それくらい、読むのが遅かったのです。そんな自分が一晩で一冊！　すごい成功体験でした。

その日を境《きかい》に、本を読むようになったぼくは、受験勉強の逃げ道として、読書をするようになりました。これがまずいのは、読書＝いいこと、と認識されているためか、親からテレビの見過ぎ、ゲームのやり過ぎで注意されることはあっても、読書をして怒られることはなかったことです。

それでも、成績が上がらない不安や情けなさと戦いながら、時々読書に逃げ込んで、受験はギリギリ乗り切ることができました。

引きこもりの時間

高校入試は終わり、楽しい高校生活が始まる……、そのはずでした。

高校生活の最初は、それほど悪くなかったです。受験勉強のプレッシャーから解放されて、好き放題はしゃいでいました。それなりに友達もでき、部活は野球部に入部。高校から急には無理じゃない？　といろいろ言われました。ただ、中学時代に仲の良かった友達が卓球部に入るからと、ろくに考えもせず選んでずっと後悔していたので、今度はやりたいことを、できるところまででもやってみようと思ったのです。

夏休み前までは、部活や新しい生活に追われていたため、特に何事もない日々が続いていきました。しかし、このあとちょっとした挫折《ざせつ》を味わうことになります。

今でも何が直接の原因か分かりませんが、たぶん能天気にはしゃいでいたぼくを、気に食わないと感じた人たちがいたんだと思います。あるときを境《さかい》に、下駄箱のロッカーを壊されたり、物を隠されたり、クラスの一部から無視されるようになりました。

また同時期に、足を怪我《けが》して野球部をやめることになりました。マネージャーとして残る選択肢もあったのですが、そのときは気持ちが逃げてしまっていたのです。これは決定的な出来事で、近くに仲間がいなくなり、完全に孤立してしまいました。

自分としては、数名の仲良くしてくれる友達はいたので、クラス全員と仲良くしなくても全然構わなかった。ただ、直接危害を加えられるまでには至らなくても、物を壊されたり、クラス会をはぶられたり、さすがにいい気分はしませんでした。しばらくは、我慢して学校に通っていました。

しかし、原因も分からず自分の何が悪かったのかを考え続ける日々に、それも限界になり、学校を休むことに。負けたようでとても悔しかったですが、同時に少し楽になりました。その間、先生や数名の友達が家まで来てくれて何度も話をして、転校や退学まで家族と話し合って、あとは部屋で引きこもっていました。

ぼくの場合は、いろんな大人が手を差し伸べてくれました。受験でお世話になった塾の先生から呼び出しがあって、「卒業後もよく顔を出していたのに、最近来ないけどどうした?」と話を聞いてくれたり。また、小さい頃からお世話になっている美容師さんもわざわざメールをくれて、「学校なんか行かなくても大丈夫だから」と応援してくれていました。

救いとしての読書

なかなか答えの出ない日々が続いて、「このままでどうするのか」「休むのも限界がある」「今の状態が続けば留年もありえる」。根が生真面目《きまじめ》な自分の性格上、留年したらたぶんもう復帰するのは無理だと思いました。

もともと周りの目を、気にし過ぎる傾向がありましたが、より人目を気にするようになりました。他人の声、特に笑い声に怯《おび》え、被害妄想も激しくなっていきました。ほんの数名が嫌がらせをしていただけなのに、クラス全体にやられていると思ったり、だんだんおかしくなって、電車に乗っているときなども誰かが自分の悪口を言っている、批判していると思うようになっていき……。

数週間後に、なんとか学校に復帰しようと決意はしたものの、今度は、精神的な理由から公共スペースに出られなくなってしまいました。心療内科に通いながら、ゆっくり通学していくようになり、最初の頃は両親が車で学校の近くまで送ってくれました。父が「何もできなくて申し訳ない」と泣いていたのを覚えています。ぼくも心配をかけたくないのに、逆に申し訳ないなという思いでいっぱいでした。

決定的な対応策はありませんでしたが、時間がだんだんと解決してくれました。気持ちを死なせてしまっても仕方がないし、学校には出ないといけない。仮に通う学校を変えても、同じことは起こるかもしれない。いろんなことを考えました。とりあえず卒業だけはしようと。

この時期に、文学に限らない、たくさんの本を読むようになりました。最初は物語の世界に逃げていた心も、全く違う世界を覗いてみても面白いかもしれないと、ビジネス書などに手を出すようになりました。周りの高校生よりも、ちょっとだけ背伸びして大人でいたかったのだと思います。不良がタバコを吸うのと同じで、たぶん、「俺、ドラッカー読んでるんで、話しかけないでください」的なバリアを張る。そう思うことで、他人の眼を気にしないようにしていました。

車での送迎《そうげい》もどうにか克服しなければと、校則違反でしたが自転車で通うようにしたりしました。親は自立を喜んで、そういう規則の無視はいいんだ、と受け入れてくれました。そうしているうちに、だんだん、いい意味でどうでもよくなってきて、学校に復帰できるようになったのです。

憂鬱《ゆううつ》さは残りつつも、物を壊されたり、嫌がらせをされたら抱え込まず、すぐに誰かに言えばいい。友達が駄目なら先生に、先生が駄目なら公共機関に通報して、騒いでしまえばいいと、変な腹の括《くく》り方をしていたのを覚えています。ある意味、精神状態が普通ではなかったのですが、それでもそのときは、必要なことだったのだと思います。

何をやりたいかというヒント

その時期に、父と将来の話を何度もしました。何か自分でビジネスをやるという気持ちは、この頃から芽生《めば》えていました。

このとき、印象的だったのは、父の小さな頃の夢が「伝書鳩屋《でんしょばとや》」だったことと、今の夢は「焼き鳥屋」という話。大人なのに将来の夢があるというのは、自分の親ながら不思議でした。そして鳥が好きなんだということも。

父は普通の会社員で、仕事は大変そうでしたが、自分の仕事に誇りをもっていて、だからぼくもなんとなく、営業マンに憧れを抱いていました。物を売るということに興味が湧いてきた時期です。振り返ってみれば、小さな頃からずっとフリマやお祭りの「店を開く側」が好きで、お祭りでもテキ屋のお兄さんと仲良くなって、店番をさせてもらったりしていたことを思い出します。

2 出会い

文学にのめり込む

なんとか復学して、学校にはゆっくりとでも普通に通えるようになり、2年生へ進級。クラス替えがあって、不登校の時期に気にしてくれていたわずかな友達とは、別のクラスになってしまいました。

なので、しばらくの間、不信感から、クラスメイトたちとも距離感がうまく取れずにいました。でも、2年生の同級生たちはみないい人たちで、だんだんと穏やかな日々を取り戻していくことができました。

その夏に、転機がありました。

通っていた高校は大学の付属校だったこともあり、夏休みに大学の授業に参加する特別なイベントが設けられていたのです。国語、数学、理科、英語とコースがあり、学年主任の（不登校時にいろいろ面倒を見てくれた）先生が、国語部門に出ないかと誘ってくれました。ガス抜き、気晴らしにどうかと考えてくれたんだと思います。「新しいことに取り組む」のは苦手でしたが、ここじゃない場所へ行くきっかけになるんじゃないかと思い、受けてみることにしました。

参加するための課題がありました。国語部門は、小説、または詩、批評を書いて提出し、選考に受からなければいけません。それまでにも、なんとなく創作の真似事《まねごと》はしてきましたが、1つの小説を書き上げたことはありません。規定は原稿用紙20枚。不安もありましたが、それでもやってみようと決意しました。

がむしゃらに書いてみました。何がよかったのか分からないのですが、選考を通って、イベントに行けることになりました。そのときに書いたのは、人の死に直面した子ども心について考えた、よくあるシンプルな作品でした。

イベントが開かれたのは、群馬県にある大学の研修センターというところ。そこで、今でもお世話になっている作家の先生たちと出会いました。小説家の辻原登《つじはらのぼる》先生や伊井直行《いいなおゆき》先生、文芸評論家の山城《やましろ》むつみ先生、映画評論家の山根貞男《やまねさだお》先生、俳人の長谷川櫂《はせがわかい》先生など。当時は、第一線で活躍されている作家とはいざ知らず、話が面白く、文学のことをよく知っている大人ぐらいの感覚でした。

その方たちとの文学講義を1週間ほど、毎日朝から晩まで堪能《たんのう》したことで、本格的に文学の世界へのめり込んでいきます。また、のちに大学で再会することになる何人かの友達もできました。同世代で創作をしている人たちと、そういった話をずっとしていることができる空間というのは、とても心地よかったです。これは今の本屋のお店づくり、雰囲気《ふんいき》づくりにも通じている気がします。文学について、自分の好きなことについて、語り合う楽しみを知りました。

そのイベントでは、小説で応募した人にも、詩や俳句や批評、映画など総合的な創作や芸術に触れる機会が与えられます。このことも大きな経験になりました。

高校2年生のぼくには、文学というジャンルに小説しかありませんでした（それ以外の存在も知ってはいましたが、漠然と認識していた感じでした）。ここで世界が広がり、小説についてもより深く考えられるようになった気がします。

背中を押してくれるパートナー

高校2年生の冬に、もう一つの転機がありました。

今の妻となる人と出会い、付き合うことになったのです。彼女の存在が、ぼくの人生にとって、当時から今に至るまで、とてつもなく大きな影響を与えてくれています。

双子のライオン堂の原型となったネット古書店も、「やろうかなあ、やるかぁ」と一人でモニョモニョと悩んだりしているときに、彼女の一言でやることを決めました。

「悩んでないで、やりなよ」と（本人は、忘れているみたいですが）。

今でもそうですが、とにかくぼくは悩みます。一歩踏み出すまでに時間がかかる。基本的にネガティブ思考で、最悪のパターンをとにかく考えて、考えて、それでいて理想も同時に高くなる。その結果、より一歩が踏み出せない状況に追い込まれてしまいます。

そんな泥沼に、一つの光として差し込むのが、とにかくポジティブな彼女の思考。今では、だんだんと影響されたのか、ぼく自身も物事を前向きに考えられるようになってきました。それでもかなり、周りの人から見れば、無駄に悩む性格だとも自覚しています。

（ただ、一度経験するとそこからは早い。それこそ、逆に「慎重にやれよ」って今度は怒られるくらい、どんどん推し進めていきたい性格だったりします。要するに、気分の上下動が激しいのです。そんなぼくが唯一続けることになるのが、本屋でした）

3 双子のライオン堂、開業

ここではないどこかへ行くために、起業する

高校2年の冬に、今の妻に後押しされる形で、ネット古書店を始めます。ある意味で、ここが本当の転機だったと思います。

なぜ本屋だったのか。それは、本が好きだから、としか言いようがないです。本が好きということで、親からも褒められる。たくさん本を読んでいるということで、友達からもちょっと賢くみられる（あくまで形だけでダサいのですが）。あと、起業したい。自分でビジネスを立ち上げたい、という気持ちが強かったのです。

学生なので、もう好きなことをやる。それで暮らしていく、生きていくというわけではない。特にリスクもなくできそうなことだったので、気軽にやれたんだと思います。このときは、本屋がなくなる、本がなくなる、という危機意識もありませんでした。それこそ、草野球でも始めるくらいのノリです。

高校生活も、それまでは嫌な気持ちで過ごしていたのが、本屋を始めることで、だいぶ落ち着いたものになりました。

自分の居場所を見つけたような感覚でした。

昔から、頭はよくありませんでしたが、先生などに発想力を褒められることは多かったです。それを真に受けてしまって、人とは違ったことをしないと、という考えになったのかもしれません。要するに、ここではないどこかへ行きたかった。それが、起業であり、本屋だったのです。

立ちふさがる「常識」の壁

高校生で、ネットだけとはいえ古書店を始めるというのは、思っていたより簡単ではありませんでした。

何が一番面倒だったかといえば、「常識」という壁です。あとは、情報の少なさ。そこで出会ったのが一冊の本、北尾《きたお》トロさんの『ぼくはオンライン古本屋のおやじさん』（風塵《ふうじん》社《しゃ》）でした。この本は、ライターの北尾さんが、自身の蔵書を〝今はやりのネット〟で販売できれば、いろんな問題（家のスペースなど）が解決するんじゃないか、という思いでネット古書店を始める経緯をつづったルポです。

高校生のぼくはそれを近所の古書店で見つけて、非常に興奮しました。アンテナを張っていたから、出会ったのかもしれません。その本をもとに、すぐに準備を始めました。

小さな頃から、祖母のおかげで本はたくさん買うことができていました。また高校生になって古書店に通うようになり、量も増えていました。ちょうど、部屋の本棚が崩壊し始め、床や机の上に積み重ねていくほどになっていた時期でもあり、在庫となる〝古本〟はたくさんあったのです。

パソコン、インターネット環境も、すでに整っていました。サイトをつくるのが得意な友達に教えてもらいながら、書名と出版社名と著者名と状態（良好・普通・難ありの3段階）を一覧で出すだけの簡単なサイトをつくりました。

北尾さんの本を含めいろいろな本を読むことで、古本を売るには許可、つまり古物商免許が必要ということが分かりました。でも、実際に取得の手続きをしていくと、古物商免許を未成年、しかも高校生が取る実例はあまり聞いたことがないと、警察署の窓口で言われてしまったのです。

参考にした本には、そんなに大変なことではないです、と書いてあったのに。実際には、「本部と相談するのでちょっと待ってほしい」と言われ、出鼻《でばな》をくじかれた気分。しかも、その後の連絡も全然ありませんでした。

それでも諦《あきら》め切れず、いろいろ調べると、自分が読み終わった本を売るだけなら、古物商免許は不要ということが分かりました。道は開けたようにも思えたのですが、仕入れをせずに、手持ちの本だけを売るのでは、お遊びの域を超えられていない感じもありました。このときは家族も、新しいおもちゃで遊んでいるくらいにとらえていたようでした。

何者かであることへの拘《こだわ》り

だんだん、ネット古書店の開業に向けた意欲が、低下していきました。やりたい情熱はあっても、規則や常識や諸々《もろもろ》の問題があって、うまくいかない。許可がなくても自分の本を販売すること自体は問題ないのですが、ぼくとしてはあったほうがいい。いや、なくては意味がないものでした。でも、大人には相手にされていない感じがして、悔しかったのを覚えています。熱は冷めていきました。

それでもサイトそのものは、出来上がっていました。自分の読み終わった本をちょっとずつ出品してはみましたが、しかしそれはネット古書店的な何かであり、ぼくの理想とは違いました。そうして年を越して、２００４年の春頃。進級も控えて、何かしなければいけない、何者かでなければいけないという思いだけが強くなっていきました。中二病というやつです（高校生なのに）。

ぼくとしては、起業して、社会に出た気持ちでした。冒険の始まりのような気持ちです。でも、何かが足りない。それは公的に承認された証《あかし》、古物商免許でした。

別段、古書の仕入れをがっつりする、市場に行って本を売買する、ということまでを考えているわけではなく。運転免許も持っていないのに、古物商免許を持っているという変わり者の称号が、欲しかっただけかもしれません。

本気だということを人に伝えたかった。テンションは上がりに上がり、諦《あきら》め切れずに気がつけば、もう一度警察署を訪ねていました。そしてできる限りの交渉をして、なんとか進めてもらうように、話をつけました。

結果をいえば、このあとの対応もまた、うやむやになってしまいました。テンションはまた下がり、それでも、本屋でありたいという思いは抱いていました。ただ、現実問題として、それがかなわない。今の売り方は、自分がやりたい形ではない。でも、それは言い訳に過ぎないと、自分でも分かっていました。このときも彼女（今の妻）に「言い訳はいいから、できることからやってみれば」と諭《さと》されました。お前が拘っているのは、形なのか、中身なのか、と。

至極《しごく》まともなアドバイスをもらって、目が覚めました。

それを期に、スイッチが再び入り、2004年5月の自分の誕生日に、双子のライオン堂に名前を変え、サイトをつくり直し、正式に再スタートしました。

懸念材料だった古物商免許も、18歳になるのと同時に、親の同意書があれば大丈夫ということになって、無事に取得できたのでした。

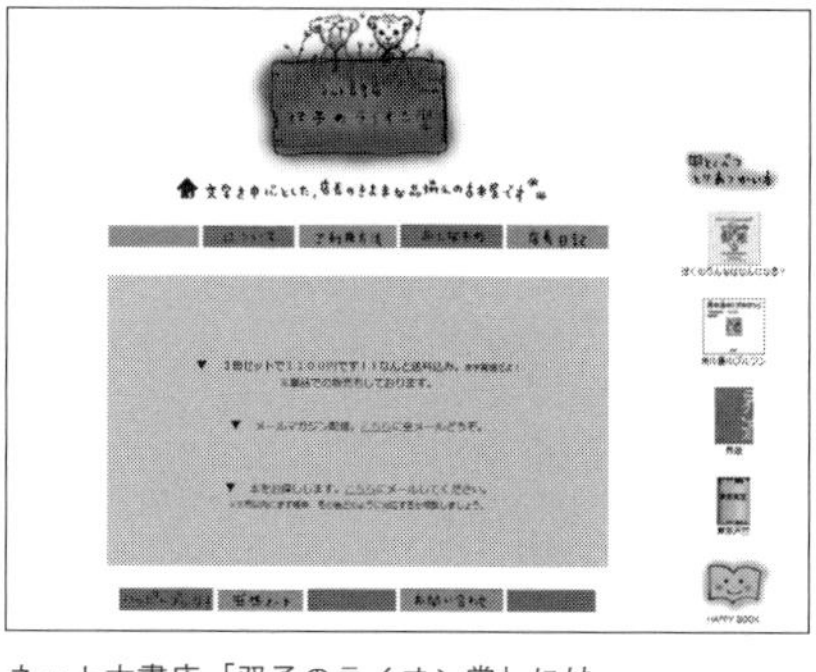

ネット古書店「双子のライオン堂」には、
こんな紹介文を添えていた

4 水面下のネット古書店

アマゾンという波に乗る

高校は付属校だったので、卒業後は大学へそのまま進学。一度は諦《あきら》めた道だったので、大学を最大限活用しようと意気込んでいました。専攻は、高校時代に参加した夏休みのイベントで出会った先生たちがいる、文学部文芸創作学科（当時）を選びました。

学科名からも分かるように、文学が好き、小説が好き、何か表現したい、という人が集まるところ。程度には差があるにせよ、だいたいの向いている方向は一緒だったので、楽しかったです。

大学は、クラスという概念がないのもよかったです。同期生や同学科生としてゆるやかな連帯はありつつも、つるんで云々《うんぬん》という感じはなく、自己責任が取れる範囲での自分勝手が許されていました。

この頃、ネット古書店は変革期でした。

大学進学当初は、自分のネット古書店の更新が少し緩慢《かんまん》になっていました（一方で、それだけでは説明できないような停滞期でもありました）。

そんなときに、アマゾンのマーケットプレイスの存在を知ったのです。その前からウェブ古書界隈《かいわい》では話題になっていたようですが、通販で本なんて、と誰も相手にしていませんでした。それが、もう無視することはできないほどに成長していた、ちょうどそんな頃です。

ぼくも最初は静観していましたが、なんとなく出店登録してみて、すでに自分のサイトにも出していた本を少しずつ登録することから始めてみました。すると、すぐに売れていくじゃありませんか。これは衝撃でした。しかも、次から次へと売れるのです。値段を低くしていたのもあるとは思うのです。それでも普段、自分のサイトでは本が売れてもせいぜい月に三十冊程度。このときは、半月もしないうちに五十冊以上も売れたことを覚えています。

その後、いろいろと情報を集めていくうちに、アマゾン用に競取り（セドリ）をして生きている人たち（セドリスト）がいることを知ります。大手新古書店へ行き、百円均一のコーナーを中心に売筋《うれすじ》の本、ネット古書店では価格が付くものを片《かた》っ端《ぱし》から買っていく。正直、ちょっと夢がありました。本屋に一日中いて仕入れをして、家でアマゾンに登録する。それで、バイトもしなくて済むくらい本が売れる。夢のような生活だと思えました。

初めてセドリをしたときは、友達を誘っていきました。事前に、ネットに公開されていた売筋のリストを用意して、近所の大手新古書店に向かいます。百円均一コーナーで物色し、買い付け。バイトで貯めたお金が軍資金。友達と手分けして、そのお店の本を買いあさりました。

そして、自宅に戻りそれを登録します。すると、数日おきにちょくちょく売れていく。とても不思議な気持ちでした。ただ、しばらくして、なんだかこれは違うのではないかと思うようになっていきました。

本当にやりたいことは、これじゃない

確かに、お金は稼げていますが、これは本を売っていると胸を張って言えるのか。

ここで面倒な性格が顔を出してきました。自分の心に起きた漣《さざなみ》を無視できませんでした。

本を売って稼げるのなら、それは幸せです。ただ、アマゾンで右から左に本を登録して販売するやり方は違うのではないか。紹介のコメントも書けない。自分で買ってきた古本の状態の写真も出せない。

アマゾンの顧客には、ぼくのお店で本を買うという意識はありません。アマゾンから、本を買うだけ。そうなると、屋号をもつ必要もなくなります。

これは実に難しい問題でした。本自体は、たくさんの人に届いてほしい。本という文化が、アマゾンなどの通販で延命されたとも思います。そして、圧倒的に便利です。商売の一つの基本は、便利なほうにお金が流れていくということ。ぼくはそれを全く否定しません。でも、ぼくがやりたい本の仕事は、これではない気もしたのです。

それでもしばらくは、答えが出るまではやろうと、アマゾンに出品することは続けました。同時に、自分のサイトでも何か画期的なことができないかと考える時間が増えました。

しかし、抜本的な名案は浮かばず、細々と今までどおりサイトを運営することにしました。強いていえば、いろんなウェブサービスやカートシステムを試してみたり、オリジナルな届け方がないか考えたり、実験的なことを、この頃からし始めてはいました。

大学時代は、ネット古書店もやりつつ、学科の課題として創作や批評にも打ち込みました。文学に日々囲まれて、教授の話を聞き、友達と議論する。

特に楽しかったのは、放課後、教授室へ行き先生と話をする時間です。4年間、授業がない日もほぼ毎日大学へ通っていました。高校も途中で行かなくなった時期があったというのに不思議なものです。たぶん先生方は、ちょっと迷惑《めいわく》だったはずですが、そんなことは一度も言われませんでした。いつでも話を聞いてくれ、たくさんのことを教えてくれました。

一方で、土日などに空き時間があれば、新刊書店・古書店に通うことも欠かしませんでした。知り合いからの買取とセドリもゆるく続け、売上も大学生のお小遣いとしてはそこそこ（自分のサイトとアマゾンとを合わせて、月に3～6万円くらい）。知り合いから本の注文を受けることもありました。みんな優しかったです。

そうしたなかでも、アマゾンのためにセドリをして転売するのは、ぼくのしたいことではない、という思いが、日を重ねるごとに強くなっていきました。

幕《まく》間《あい》　いつも「外側」にいる自分①

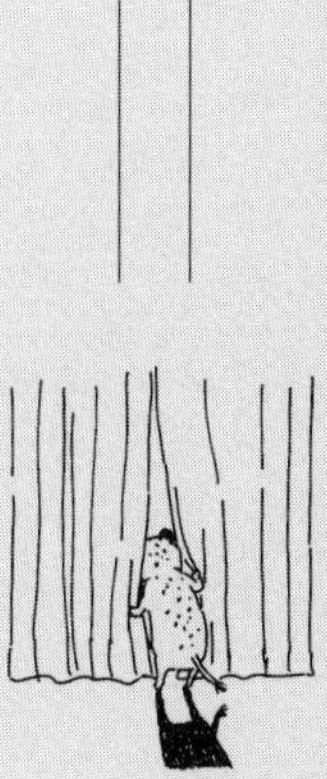

小学生と死生観

「死」に触れた瞬間

小学5年生のとき、家族でカナダに旅行したことがある。旅先で過ごした日々は楽しい記憶しかないのだが、帰宅後あることがきっかけで、家族にとって最悪の旅行になってしまった。

カナダの自然公園で、アライグマにソフトクリームをあげた。そのとき、アライグマは勢いよくぼくの指にまで噛み付いた。すごく痛かったが、母に貴重な体験だ、と言われて、そうかと納得し、いい思い出になったとそのときは喜んだ。夏休みの宿題だった絵日記にも、アライグマに噛まれて出血、いい思い出！　と書いた記憶がある。

しかし、帰国して数日。母がどこかの病院の待合室にある雑誌コーナーでたまたま開いた本に、カナダのアライグマの多くが狂犬病を保持している可能性あり、と書いてあった。母は慌てて父へ連絡し、狂犬病について調べ、カナダ大使館に相談した。

結果、その情報は本当だった。しかも残念なことに、ぼくのことを噛んだアライグマを特定できず、狂犬病をもっていたかも分からないから、どうすることもできないと言われた。また、日本で狂犬病はほぼ根絶した病気だったため、専門の医師がほとんどいなかった。

それでも、いろいろ調べた両親は、なんとか国内で狂犬病の研究をしている人を見つけ、ぼくをその人のいる病院に連れていった。しかし、ここでさらに衝撃的な事実を突きつけられることに。

「もし狂犬病を発症したら、20歳まで生きられる可能性は半分です。発症リスクは全く分かりません。目安ではありますが、発症する可能性は一年ごとに半減していきます」

小学5年生のぼくの前で、先生はそう言ったのだ。

正直、そう告げられた前後の記憶を、ぼくはほとんどもちあわせていない。同席した母曰《いわ》く、相当ショックを受けていたようだったと。もちろん母も父もショックを受けた。そして2人とも、そんなことを本人の前で告げたことに対して、医師に怒っていた。

小学5年生とはいえ、死ぬかもしれないという状況は理解できた。数日の間、何もしたくないと思える日々が続いた。両親のケアのおかげか、衝撃の告知後の記憶がないためか、しばらくするとその恐怖はやわらいでいく。

が、月に一回、一年間ほど気休めで打っていた予防接種（もう噛まれているので予防も何もない）の注射の時期になると、憂鬱《ゆううつ》な気持ちになった。そして、明日発症して死ぬかもしれないという恐怖と対峙《たいじ》することになる。

思いついたことを、やってみる

ただ、ぼくの場合は、だから一生懸命毎日生きようという、教訓じみたことは考えなかった。どちらかといえば、すぐ死ぬかもしれないからやりたいことはやろう、と。それで、「思いついたことはなるべくやってみる」というモットーをもつようになった。

しかし、それは決して、何事をも恐れない肝《きも》の据《す》わった人間になったというわけではない。元来《がんらい》の万事に正解を求めてしまう性格と相まって、非常にめんどくさい人間になっていったということだ。

基本的に、人と違ったことはやりたくない。はみ出し者も嫌。でも、面白そうなことを思いついちゃう。ただ、目立つと注意される。けど、明日死ぬかもしれない。小さい声で何か目立たないように、思いついたことをやってみよう。そんな感じの思考回路だ。自分でもつくづく面倒だなと思う。

第2章

2足・3足・4足の草鞋《わらじ》を履《は》く男

この章では、大学卒業から会社員時代、転職・退職後に白山《はくさん》で最初のリアル店舗を開くまでの経緯を、たどっていきたいと思います。

1 「就活」混沌記

営業職を選んだ意味

2009年3月。大学は無事に卒業できましたが、就職活動は散々でした。言い訳をすれば、当時（2008年から2009年にかけて）はリーマンショック真《ま》っ只中《ただなか》の就職氷河期。せっかく受かった友人も、何人か「内定切り」されたという話を聞きました。

ただ正直に振り返れば、就職なんて簡単だと思っていたのも事実です。なめていたわけではなく、働ければなんでもいいやと思っていたので、就職先に対するハードルをすごく低く設定していました。数打てば当たる、どこかの会社には入れるだろうと（それもなめていたといえば、なめていたのですが）。どの会社のエントリーシートや面接にも、「身を粉にして働きます」「残業できます」「なんでもやります」と答えていました。

出版業界で働ければいいな、と微《かす》かな希望はありましたが、当時は採用数自体が少なく早々に諦《あきら》めていました。

それゆえ好奇心から、どんな分野の仕事でも構わないと思っていたため、闇雲《やみくも》に入社試験を受けていました。その結果、4年生の夏を過ぎても内定を得られないまま。秋頃に1社内定を、もう1社補欠内定をもらうことができましたが、どちらもあまり条件がよくない。決まった途端《とたん》、わがままが出ました。

少し悩んでいるときに、父が救いの手を差し伸べてくれたのです。営業職で雇ってもいいという人がいるから一度会ってみたらどうか、という話をもってきてくれました。早速《さっそく》、その会社の社長と話してみると、意気投合して、即採用が決まりました。条件もよく、家からも近い。何より営業職ということが大きかったです。

前にもふれたように、営業マンを長年やっている父の話を聞いてきて、その仕事に漠然とした憧《あこが》れを抱いていました。ぼく自身も、大学生活を通じてボランティアやイベントで露店をやったりフリマをしたりしたことで、売る楽しさを覚えていました。バイトも、ハンバーガーチェーンやジャズバー、営業代行など、営業と接客業を多くやってきました。工事現場の補佐もやりましたが、これはジャズバーで知り合った人に自分を売り込んだ結果得た仕事です。そのなかで、人に何かを提案して売ることの楽しさを知っていきました。

そうした背景もあって、その会社へお世話になることに決めました。何人かの友人にコネといわれることもありましたが、あまり気になりませんでした。実はこの頃に、卒業したら高校時代からの彼女と結婚する予定を立てていたので、内心焦っていて、背に腹はかえられない状態でもあったからです。

失意の「内定切り」

そして、卒業式の日。

その前日に13年間飼ってきた犬が死んでしまい、もう卒業式に向かう気力を失っていました。そのまま卒業式の朝を迎えて、どうしようか悩んでいると、一通のメールが届きます。就職が決まっていた会社の社長からでした。

「申し訳ないが、昨今の不景気でどうしても雇えなくなった」という趣旨《しゅし》のメールでした。

頭が真っ白になるとは、このことです。どうしたらいいのか。そもそもコネみたいなものので、怒ることも、文句を言うこともできない。父に報告するのも、彼女へ連絡するのも、あと学校に対しても、どうすればいいか。とりあえず卒業式に行こう、先生に相談しようと思い、バタバタしながらも家を出ました。母には心配をかけまいと、黙ったまま。

大学に向かう途中で、やはり父には伝えておこうと、メールをしました。すぐ返信が来て「仕方ない。大丈夫？」と。

彼女にもメールをすると、「困ったね、大丈夫？」と。

2人には電話もしました。大丈夫だけど、じゃあ実際どうしたらいいか、うまく話せなかったように思います。卒業式では元気に振る舞って、でも途中でじっとしていられないほどそわそわしてしまい、式を途中で抜け出していました。

そのあと開かれた学科生だけの「卒業生を送る会」が終わってから、何人かの先生に事情を伝えます。先生たちは困ってしまっていて、かえって悪いことをしたように思いました。自分でなんとかしなければと、気を取り直して、帰宅しました。帰りの電車がとても長く感じたのを覚えています。

そのあと、家族会議を開き、彼女とも話し合いました。

結果、結婚は延期。また、すでに卒業してしまったので、留年したり大学院に進んだりもできません。できないことは考えても仕方がない。就職できる道を見つけようと、3月下旬から5月上旬まで、大学の頃に登録していた派遣の仕事をしながら、就職先を探す日々が始まりました。

このとき、一瞬、ネット古書店を大きくする方法も考えました。そのための取り組みも少しして。でも、さすがに結婚を控えていて、社会人としての活動もせずに、本気で起業するのは難しいとも感じていました。高校生・大学生という守られた環境で始めるのとは、訳が違います。

我ながらこういうところは結構現実的なんだな、と自覚したのを覚えています。

何があっても、ネット古書店はやめない

就職活動を継続して、何社も何社も受けました。第二新卒という言葉があったかも分からないですし、当時はむしろ、それは不利な印象を与えていました。世間では就活をサボったか、うまくいかなかった人だというレッテルを貼られていたと思います。仕方ありません。

そんなある日、地元の近くの駅で、社員募集の広告を目にしました。アルバイトなら即

面接、よければ即採用、社員登用もあり。「若い会社なので、一緒に成長しよう！」と書いてあります。履歴書で落とされることも多かったので、即面接はありがたい。

家に帰ってネットで調べてみると、成長しているベンチャー企業の、新しくできた子会社でした。そして求人サイトには、生き生きとした表情の社長の写真が載せられています。第二新卒は不可という会社が多いなかで、新卒も第二新卒も中途も全て同レベルで見てくれるところが、寛大だと思えました（今思えば、誰でもいいという結構危険な募集要項でもあったわけです）。会社の立ち上げについても学べると思い、すぐに連絡を取り、面接をお願いしました。

このときの面接は、今でもよく覚えています。

面接官は、社長を含めた3名。ほとんど社長が質問をしてきて、かなり長い面接でした。いろいろと話をしていくなかで、将来どうなりたいかを訊ねられました。

一瞬迷いました。正直に、いずれは「独立したい」というべきか。

今振り返ってみると、そんなことは大したことではないと自分でも思います。でも、大学を出たばかりのぼくには正解が分からず、怖かったのです。あれは駄目なことなのか、これは言ってもよいことなのか、そんなことばかりを考えていました。なるべく波風を立てないようにしておきたい、というのが正直な感情です（今でもそうですが、極度に正解を欲してしまい、失敗することがあります）。

でも、そのときは、「ここで正直に話さずに合格しても、会社に居づらくなるだけかもしれない」「この社長なら理解してくれそうだ」と思って正直に、将来は「独立したい」という話をしました。そして、高校生の頃に始めたネット古書店を、実は今も運営していると。それでも怒られたら嫌だな、採用してもらえても「古書店はやめて」と言われたら嫌だなと、小さな声で「趣味程度です」と付け加えました。

社長の反応は、意外でした。

「面白いじゃん、うちで活かしてよ、その経験」

好意的に受け取ってくれたのです。そこから、話も弾みました。帰り際「いつから会社に出られる？」と訊かれ、大げさではなく「明日からでも」と答えると、じゃあ明日8時にここで、と返ってきました。心の中ではガッツポーズです。それでも顔は平静を装《よそお》って、ありがとうございます、と丁寧《ていねい》にお礼を言って後にしました。

試用期間は1か月、アルバイト契約として。少しでも社員への道があるなら、それでよかった。ちょっとだけ視界が、明るくなった気がしました。そして1か月間、がむしゃらに頑張った結果、正社員として採用してもらうことができたのです。

2 会社員の自分、ネット古書店主の自分

アイデンティティを保つために

就職できた喜びも束《つか》の間《ま》、翌日から大変な日々が始まります。

その会社は、今の言い方をすればブラック企業とも呼べるところでした。ただ、一方で独立した今の立場から考えると、会社やプロジェクトを立ち上げるときの忙しさは、あのときの比じゃない場合もあります。あくまでも雇われの身だったので、叱責《しっせき》や怒号を受けることはあっても、責任を取ることはありません。そう考えると、よい経験だったとも思います。もちろん、理不尽《りふじん》なことも多々ありましたが。

常に成長を求められるベンチャー企業では、休む暇もなく仕事が増えていきます。また、小さな会社だったので、いろいろな業務を兼任して行う必要がありました。「憧《あこが》れの営業」から、掃除、運搬・運送、ガイド、宣伝・広告、ＰＲ活動、サイトづくり。なんでもかんでもです。

そんな忙しい日々を乗り越えられた要因として、「本屋」がありました。これは、本屋でアイデアが出るとか、休日は本屋に行ってリフレッシュ！　という類《たぐい》の話ではありません。片手間でも、本屋をやるということが、いかに精神衛生上よかったか。

人手が足りず、気がつけば入社3か月目には、マネージャーという肩書きがついていました。日々増えるスタッフ、やめていくスタッフに揉まれながら、自分はこのままでいいのかと考えることもありました。

給与については、当時の同世代的としてはそこそこで不自由はなかったです。一番のネックは、勤務時間でした。職場には常に社員がいないといけないという親会社からのお達しによって、仕事がなくても監視役として社員が駆り出されたりしていました。

お祭り体質な自分としては、体力的には大丈夫だったのですが、精神的にはやはり休養が大事だったらしく、ちらほらと仕事にほころびが見られるようになっていき……。でも、そんな精神状態を回復させてくれる楽しみが「本屋」でした。

当時の自分を思い出してみると、本屋であるということは、お守りのようなものでした。日々の会社員生活は、6割は楽しいけれど、大変なときもある。これは誰でもそうだと思います。そんなとき、「自分は、本屋なのだ」と言い聞かせることで、仕事の厳しさから逃げることができました。

実は、高校2年生でネット古書店を始めたときから、お守りとしての効果はありました。というか、その効果を求めて「本屋」を始めたと言っても過言ではないのです。

会社員としての日々、ネット古書店主としての日常

会社員と本屋の2足の草鞋《わらじ》は、素直《すなお》に楽しかったし、その状態を保っていたことで助かったと思います。嫌なことがあれば、ここは自分が本来いるべき世界じゃないし、と逃げることができたからです。

当時の生活は、具体的にはこんな感じでした。

月曜は、会議があるので前日から徹夜して資料づくり。眠気を押して出社。午前中に何件か仕事をして、夜は会議。会議というよりかは、報告会と言ったほうがいいでしょう。議論はなく、ただ報告をして、社長に目標不達成を謝る。

とにかくトラブルの多い会社だったので、日々のトラブルを報告して、謝罪して、とい

う繰り返しでした。それでも会社全体の業績は伸びていて、そのため逆に自分の営業成績が悪くなると問い詰められました。

忙しく理不尽《りふじん》なことも多い日々でしたが、ぼくは本屋をやっていたため、「会社員は仮の姿だ」と思うことで乗り切れた気がします。どんなに厳しく叱責《しっせき》されても、いつでも会社をやめて本屋をやるんだ、と頭の片隅《かたすみ》で現実逃避して精神安定を図っていました。

火曜は少し、仕事が落ち着きます。しかし、万年人が足りない状態だったので面接をしなければならず、それがだいたい火曜か水曜でした。余談ですが、会社のブログを担当していて、それを読んで面白そうだからと応募してきてくれた人もいました。嘘《うそ》か本当か分からないですが、自分の文章に誰かが興味を抱き行動してくれたことに感動しました。

水曜は、チームごとに会議があります。小さい会社だったのでいろいろと掛けもち、ほぼ朝から午後3時頃まで、ずっと会議でした（のちに、この会議は廃止されました。会議ばかりで、全く営業などができなくなるからです）。

木曜は、週の前半に決めた「やらないといけないこと」がたまってくる時期です。社内の空気も悪くなるので、お客様のところに行くのが吉だと思って逃げていました。

金曜は、会議と残業と社長との飲み会。酒の席では、他愛のない話から、新規ビジネスの話まで、社長にはいろいろと教えてもらいました。社長は気分屋で怒りっぽかったので、ぼくを含む社員全員から怖がられていました。でも、ぼくはどこか嫌いじゃなかったので、いろいろと良くしてもらいました（今もたまに会います）。

土日も出勤することが多かったです。休日出勤時は、やることやトラブルの対処はしないといけないのですが、平日に比べてかかってくる電話は少なく、本を読んだりして待機する時間もありました（事務所がコールセンターも兼務していたので、平日はものすごい受電数でした）。

そうしてたまの休みは、妻（正社員になって結婚しました）と一緒に買い物巡り。その際に古本屋などを回るのですが、これが至福のときでした。全て仕入れだと思ってたくさんの古書を買いました。そのときは言い訳でもあったのだけど、結果として今のお店にちゃんとその本たちが並んでいるので、嘘ではなくなっています。

1週間のうち、営業で外回りをすることも多いので、休み時間などを利用して、いろんな本屋さんに行けるのもメリットでした。交通費というのは馬鹿にならないもので、生活圏の外にある本屋に行く貴重なきっかけになっていたのです（二〜三千円の本を買うために、または買わないけど中身を確かめるために、数百円かけて移動するのは実は非常にしんどいということを、リアル店舗を開業してからお客様に教わりました。なるほど）。

自分の家の棚と本屋の違いは、未知の存在に出会えることです。本屋の棚には、仕事に関する本もあれば、仕事に関係しそうな本もある。いつか関わるかもしれない本もあって、全く関わりのない本もあります。時間があれば全部の棚を端から端まで見ていきたくて、時間がなくても全体像はさらっていきたい、だからとりあえず店内を一周します。

そんなときに、なんとなく目につくのは、商品構成もそうだけど、取り置き棚だったり、ポスターだったり、埃《ほこり》の濃淡——その本がどれくらいそこにあるか——だったりという、お店の佇《たたず》まいのようなものです。それで、時間があるときにまた来ようなどと、考えたりします。そういった全部が、ぼくの日常にとっては刺激でした。

転職の落とし穴

そうやって、ネット古書店と並行して勤めてきた会社を、2年ほどでやめることになります。

理由はいろいろありましたが、一番の理由は親会社から引き抜きにあったからでした。ありがたいことではあったのですが、なんだかいい機会だなと思ったのです。というのも、その数か月前から、転職先の社長に、新しい会社を立ち上げるから参加しないか、と誘っていただいていたからです。

勤めている会社の環境は、日々よくなってきていました。また、子会社なので社長の交代があり、そのたびにアップデートされていく感じで、新しい体験にも恵まれました。そんななかでぼく自身、かなりの裁量を任せてもらっていたのにもかかわらず、自分の努力不足や度胸不足を棚に上げて、もっと違う分野にも挑戦したい、と思ったのです。

正直、待っているだけで売れる商品を販売していたので、飽きていたともいえます。「ぼくは自分の力で売りたいんだ」と。商品を売るということがどれほど大変なのかを、転職して知ることになりました。

もう一つ書き添えておくと、転職先は、実は大学の卒業式当日に内定切りにあった会社です。いろいろな縁があって当時の社長と再び出会い、意気投合して一緒にやろうということになったのです。

転職をある程度決意して、自分がどうなりたいか、どうしたいかを考えて、天秤《てんびん》にかけました。このとき漠然と、死に際の50年くらい先にリアル店舗を開けたらなぁ、と思っていたのですが、チャンスはいつ訪れるか分からないので、そのための準備は必要だなと考えました。会社の立ち上げや、代表になるという経験は大きいと判断したのです。

ある程度円満に退社して、新たな決意で臨んだ転職は、正直失敗でした。半年をもたずして、やめることになりました。

予定のプロジェクトは動かず、なんのレクチャーも仕事の引き継ぎもなく、1か月ほどで居心地が悪くなってしまいました。それでもなんとか必死でくらいついてやっていたのに、他の社員に向かって「あいつは何をやっているんだろうね、やる気あるのかね」と罵《ののし》られる始末。周りの先輩社員たちはどんどんやめていき、自分もここで長くはできない、無理をして続けてもためにならないと、2012年の夏が来る前にやめました。もう最後のほうは、心がおかしくなっていた気がします。

転職を決めた理由も人柄でしたが、やめる理由も人柄でした。

自分に合った場所を知る

そもそも転職を決断した自分が悪いといえば、それまでです。ただ、悪いことばかりではなくて、ただ一つ、発見がありました。それは、よくない環境に身を置くとしても、人によって我慢できる部分は異なるということです。

ぼくにとって、長時間労働や、信頼関係のある人同士のちょっとした叱責《しっせき》は、我慢できるもののようでした。一方で、労働時間が短くても、理不尽《りふじん》な物言いや信頼関係のない職場環境には我慢できないようです（これは、のちのキャリア教育などのNPO活動でも役に立つ経験でした）。

そんなときも、家に帰って古本の値付けをしたり、サイトを更新したりしているときは、日常とは切り離されていて、気分転換になっていました。

家族が寝静まった部屋で、土日や営業ついでに寄った古書店で競取《せど》りしてきた本を、１

冊ずつ確認しては値段を決めて、サイトに出していく。時には読み始めたり、一瞬手に取っただけでは分からない書き込みや汚れを発見して自分の甘さを痛感したりしました。また、海外の本屋のサイトを、英語は読めないけど眺めてみて、こんなやり方もあるのかと勉強するのも面白かったです（リアル店舗を構えてから始めた選書配本サービス「本棚からの便り」は、この方法で発見したサービスと、お客様の意見を融合してつくりました）。

転職先の会社をやめると決めて、次の仕事をどうするかを考えなくてはいけなくなりました。当たり前です。

転職サイトをいろいろとチェックしてみましたが、どこか物足りません。また、これから新しく人間関係を築いていくのがしんどいなという思いもありました。入ってしまえば溶け込んでいけるのですが、ぼくとしては入るまでのバリアが分厚いのです。

嫌われるんじゃないか、きっと嫌われるに違いないと、いったん負の感情に迷い込んでしまうと止まりません。嫌な思い出ばかりがよみがえってきて、人に言わせれば無駄な心配ばかりして、時間が過ぎていってしまうのです。

そんなときに、いつも決定的な一撃をくれるのが、妻でした（本人は覚えていないというのですが)。

退職をして、その後もいくつかの仕事をしたあとに、最初に入った会社に戻ることにしました。

冗談のような話ですが、電話で当時の同僚に連絡を入れて、「人手が足りないでしょ？いいバイトがいるんだ。俺」と伝えました。するとすぐに、面接の場を用意してくれて、採用してもらえました。伝聞ですが、親会社の社長には「ほら戻ってきた」と言われたそうです。

改めて、会社員だった頃の自分を振り返ってみると、自分がどのポジションにいるのかが分からず、不安になることも少なくありませんでした。そんなときに、友達や、仕事先のお客様に助けられていた気がします。

3 本屋として生きるために

本屋としてのギアを入れる

退職後は少し休みながら、ネット古書店を、アルバイトと並行させて少しずつ大きくしていき、将来的に仕事を一本化していければと考えていました。

それで、本屋の開業セミナーなどにも通うようになりました。そのときのセミナーで、あとあとまで大きな影響を受けたのは、京都造形芸術大学の東京藝術学舎が主催していた「いつか自分だけの本屋を持つのもいい」という、一般に開かれた講座です。

その講座は、数年前から徐々にブームになっていた「新しい本屋」を盛り上げてきた面々がゲスト講師になって、本屋がいかに楽しいか（大変でもやりがいがあるか）を語るものでした。講師にきた方々はみな、生き生きとしていて、自分もいつか、あちら側のプレイヤーになりたいと強く感じたのを覚えています。

明確に本屋として生きていきたいと思ったのは、このときだったかもしれません。受講してから、自分の中で何かがスピードアップしました。ありきたりな表現だけど、ギアが入った。関連する本をたくさん読み、計画書をつくる。まだ、お店ができるとも決まっていない、それでもとにかく具体案をつくりたかったのです。

作家のお薦め本を探す旅

ネット古書店を、もっとユニークにリニューアルしたいと思いました。そのときひらめいたのが、カテゴリーの大幅な変更です。他のサイト、リアル書店でもやっていないことはないか、考えました。

当時、ネット古書店のサイトには、文学・科学・歴史・写真集・漫画などの一般的なカテゴリーを用意していました（さらに枝分けすると、文学なら日本文学・海外文学など）。しかし、それはどこのサイトも同じ。その分類の仕方では、個性がない。そうなると、集客力と在庫力の勝負になって、大手サイトや先に開業しているお店に勝てない。

そこで、カテゴリーを作家別にしたらどうだろうと考えました。それは、ある作家の本だけを並べるということではなく、ある作家がお薦めしている本を取り扱うということです。書評を読んで本を買う人は多い。実際、ぼくも大学時代は文芸誌をいくつか定期購読していて、書評欄を特に熱心に読んでいました。そして好きな作家が書評をしている本は、必ずと言っていいほど読むようにしていました。すぐには読めなくても、買うリスト・いつか買うリストには、少なくとも入れていたのです。

自分の好きな作家が好む本は、だいたい当たる可能性が高い。大学時代も誰かがレコメンドした本は気になって、買ったり借りたりして読むようにしていました。

これだ！　と思いました。

まず、好きな作家（存命の作家）を十人書き出す。その作家による書評を、ネットや国立国会図書館で探す。その作業は、思っていた以上に楽しいものでした。

そして、書評で取り上げられた本をリスト化して、新古書店を回って集めます。作業としては、こちらのほうが大変でした。何件回っても手に入らないのです。仮に見つかったとしても、全然商売にならない仕入れ価格。

書評の時期の問題もありますが、出たばかりの本は必然的に仕入れ値が高くなります。できることなら百円均一コーナーで見つけたい。少し古くなった本を探すのも大変で、見つかったとしても、状態があまりよくなかったりする場合が多かったのです。

一日の収穫と売れたときの利益を考えて（売れるまでのコストは度外視したとしても）、計算などしなくても採算が取れないと分かりました。それで、この企画は一端中断して、何か他にコンセプトを打ち出せないかと悩み続けることになりました。

思いを伝えるための手段

ただ、コンセプトを固めなきゃと考えていた一方で、ビジョンも大事だと思っていました。本屋をやりたいと口にすることで、自分の中で少しは前進します。が、その先へは行けません。やろうとしていることが、誰にも伝わっていないからです。

口で言うのは自由。もちろん、口にするまでにもいろいろ悩みます。それでも言ったあとには、言ったことが目の前に現れます。ただ、それは自分にしか見えていません。ぼくにだけ見えているものを、みんなに伝えないといけない。もちろん、言葉巧みに演説できればいいんだけど、ぼくはそんな技術をもちあわせていない。

そこで、絵にしようと思いました。幸い、妻は絵が描けます。自分が思っている理想の

理想のお店のイメージを、一枚の絵として、妻に描いてもらった

お店のイメージを伝えて、それを一枚の絵にしてもらう。

この絵が、ぼくの考えにマッチしていました。ツールとしてもとても役に立ったし、自分を説得して、一歩踏み出すためにも必要なものだったといえます。そして、この絵が最大限に活躍するときは、すぐに来ました。

本屋以外で、生計を立てる

転職先の会社をやめてからは、まず生活費を確保するため次の転職をして、週5日働き、土日や仕事終わりにネット古書店を徐々に拡大していければと考えていました。

でも、家族や知人といろいろ話をしていくうちに、自分がやりたいことが少し見えてきて、本を売ることをメインに据えてみたいと思うようになりました。正社員として雇われず、ある程度時間にゆとりがある雇用形態のところを探して、しっかりネット古書店を大きくしていこうと。集中しようと思ったのです。

そうなると、生活費をどう稼ぐかという話になります。そこで、できそうなことを書き出して、いろいろとシミュレーションしてみました。結果を言えば、アルバイトを掛けもちして、それでもギリギリという感じでした。

その話を父にしたところ、父の会社の仕事の手伝いを少しすることで、足りないぶんを補わせてもらえることになりました。当面は、アルバイトを3つと父の仕事を手伝う形で、生計を立てていくことが決まったのです。

偶然の出会い

ネット古書店で生きていくぞ！　とテンションを上げているときに、父の仕事の関係で知り合ったのが、双子のライオン堂最初のリアル店舗、白山《はくさん》店のオーナーとなるTさん。

ある日、父の仕事の手伝いで出会ったTさんに、将来どうなりたいのかを訊ねられました。正直に、本屋をやっていこうと思っていると伝えると、応援すると言ってくれました。そのときは、普通に友達の息子の夢を応援してくれる、いいおじさんという感じにとらえていました。

その数か月後、文京区白山にあるTさんの事務所に立ち寄る用事ができ、事務所の一階の倉庫で作業をしていたとき、Tさんが何気なく「ここは季節ものの商品を保管しているから、冬が過ぎたら、次の使い方を考えないと」と口にしたのです。ぼくはそれを聞き逃しませんでした。

数日間、その言葉が頭の中でこだましていました。

あの場所を借りることができるかもしれない。

そこで本屋ができるかもしれない。

勝手に期待が膨らんでいきます。

「いつか自分だけの本屋を持つのもいい」という講座を受けたことでビジョンが鮮明に浮かぶようになり、普段は人にお願いをできるような性格ではない自分が、このチャンスを逸《いっ》してはいけないと思えるようになりました。

今思えば、この一歩が全ての始まりで、第二の本屋人生、本屋が表の人生が始まった、その瞬間でした。

事務所としている物件の一階をどう活用できるか、数日間さまざまな仮説を立てて、あの場所で本屋、または本屋的な何かができればいいな、というところに思い至ります。ただすぐには、お店をやらせてほしいとは言えませんでした。今となっては不思議な話ですが、ＯＫが出た場合に責任が生じてしまうことに、少しビビっていたのかもしれません。

ふと、ハードルを下げてみるのはどうだろうかと考えました。本屋をやりたいというのではなく、将来的にはそこにつながるけど、もう少し助走期間のような感じで使わせてもらう。本を少し置かせてもらって、倉庫のような形で使わせてもらえないか。そして、あわよくば土日や平日の夜など、部分的に開放させてもらえないか、と。

そう思いつき、Ｔさんに伝わるように、簡単な計画書を準備しました。同時に、本屋の将来像として、妻に描いてもらった絵を持参することにしたのです。

「本格的にやってみたら？」

計画書が完成し、Tさんと打ち合わせの予定をつけました。当日は、とてつもなく緊張していたことを覚えています。それほどの決断でした。

白山近辺のファミレスで食事をしながら、計画書を示して話を始めます。Tさんは、それでそれでと先を促すように耳を傾《かたむ》けてくれました。計画書のページをめくっていき、将来はこんな感じの本屋さんにしたいという絵を見せると、Tさんのほうから「倉庫なんて言わずに、本格的にやってみたら？」という提案さえ受けました。

すぐにOKが出るとは思っていなかったし、ましてやハードルを下げてから進めるわけでもなく、いきなり店舗としてやってみたらいいよ、と。本当に嬉しかったのと同時に、じゃあ実際どうしようかというとまどいも湧き上がってきました。

店舗をもつということは、毎日店を開けて、毎日そこにいないといけない（このときはそう思っていました）。でも、生きるために本を売って稼ぐことを考えると、書店員としての修行もせずにやっていけるのかという不安もありました。

自分でも思うのですが、いろいろと未知の地平を切り開いているように見えて、実際は

本棚や器材を運び込んだばかりで、まだ「未完成」のリアル店舗

石橋を叩いて渡っていきたいタイプなのです。なるべく波風を立てないように生きたい。
と言いつつ、やりたいこともある。自分の使命だと思うこともある。この感情の同居が、自分でもめんどくさいと感じています。

4 いざ、選書専門のリアル店舗へ

研究室の本棚を再現する「選書」の本屋

物件の利用に関してOKが出て、さて今後どうするか、一番に考えたのはコンセプトです。「場所づくり」「研究室」といったイメージは浮かんでいましたが、それだけで人を呼び込むのは無理だとも分かっていました。

先の講座でも、各講師がそのことを何度も話していました。例えば、内沼晋太郎《うちぬましんたろう》さんが共同代表を務める下北沢のB&Bは毎日イベントをやっている、というように。

そんなときに思い出したのが、好きな作家のお薦め本を取り扱う「選書」でした。一度は頓挫《とんざ》してしまった、でも今は進んでいくしかない。業界の先輩数人に話をしてみると、面白いのではないかという反応を得ることができました。選書してほしい人たちも、実際に何人か挙げてあります。

真っ先にお願いしたのが、母校の教授である辻原登《つじはらのぼる》先生と山城《やましろ》むつみ先生。在学中は、毎日のように先生方の研究室に入り浸っていました。そのとき常に感じていたのが、研究室に並んだ本の背表紙から漂うパワーです。こんなことを言うと変な人だと思われるかもしれないけれど、背表紙を眺めることも読書だと感じるときがあるのです。

また、同じ学科で親しい先生同士でも、本棚の様子は全く違うのが不思議でした。これを自分の本屋で再現したいと思い、コンセプトを伝えました。先生方は「本屋は大変だと思うよ」と言いながらも了承し、すぐに、百冊の選書リストを作ってくれました。

そこからは、選書をお願いしたい作家さんへの挨拶《あいさつ》回り。イベントへ足を運んだり、もともと知己《ちき》のある方には改めて御挨拶したり、遠方や都合が合わない場合はメールで依頼しましたが、基本は一度お会いして直接交渉しました。

まずは十名ほどの方から了解をいただき、これで面白い本屋ができそうだ、という感触を抱けました。

コンセプトは「100年残る本と本屋」

内装なども進めていきながら、最後まで悩んでいたのは、お店の運営形態です。今でこそ、週3日や4日などちょっと変わった形式の本屋は増えてきましたが、当時は、本屋は毎日やっているもの、朝から晩までやっているもの、特に新刊を扱う本屋はそういうものだととらえられていました（自分の中でもそうしたイメージでした）。

とはいえ、生計を立てることを考えると、一人で365日、朝から晩まで営業するのは不可能です。では、どうするか。そして、自分が本屋として本当にやりたいことはなんなのか、今一度考える必要がありました。

誰かのため？　自分のため？　本のため？

理由はいくらでも考えられるけど、結局は、自分のやりたいことだというところに行き着きました。なのでなるべく、自分一人で完結できるようにしないといけない。また、本屋を始めるのはいいとして、いつまでやるのか。過去に読んできた本屋に関する記事や、自伝・評伝などが思い出されました。

お金を稼ぐぞ、と始めるのなら、お金を稼げなくなったときにやめればいい。でも、本屋を始めるということは、ぼくにとってはそういうことではない（そういうことであれば、どれほど楽かとも思うけど）。ということは、ゴールおよび終わりはそこではない。そうなると、なぜ始めるのか、というところに戻ってくる。

ここでふと、友人からよく聞かれる質問が頭の中でこだましました。

「本屋って、必要？　アマゾンとかあるじゃん？」

その質問に対して、明確な答えを、いつも出せないでいました。個人的には、本屋は世の中に必要な存在だと思います。アマゾンだと、なかなか知らない本を見つけづらい。未知の本と出会う瞬間に、ぼく自身このうえない喜びを感じるからです。

でも、本屋はすでにいくつもあるんだから、新しく始める理由にはならないじゃんと、（自分にも）反論される。そうなのです。本屋が一つもない地域に出すならそれでいい。けど違う。じゃあなぜ、やるのか。自問自答が続きます。内装、商品選びなどが進む一方で、なかなか答えを出せません。

答えを先送りするのも、ありではないかと思いました。逃げと言われるかもしれませんが、答えは100年後に出るかもしれない。けど、その100年後に本屋という場所そのものがなくなっているかもしれない。ならばぼくが100年残す、これがミッションになるのではないか。そう考えました。

進化の過程においては、残ったものが正解になる、ともいえます。もちろん、変化に適応していく必要はあります。柔軟に対応しつつ、かつブレないでやっていく方法を考える。これが100年残すという言葉の真意でした。

そして、お店の方針を、「100年残る本と本屋」に決めました。

コンセプトが決まったことで、いろんなことが固まっていきます。100年続けるなら、無理をしてはいけない。負けない戦略を取ろう。本屋の売上に頼らない。なるべく期待しない。マイナスが出なければいい。

まず、アルバイトや父の仕事の手伝いなどを中心にして活動しよう。生活基盤がやわだと長く続けられない。

そうなると営業日は、限られてきます。リアル店舗を始めるにあたって、いろんな本屋を見に行きました。そこで思ったのは、時間帯に応じて来店するお客様の分散です。時間を絞《しぼ》って営業するのは間違いじゃないかもしれない。さすがに週2回は少ないと思いましたが、生き残るためにそうすることにしました。

また、直前に父と相談して、お店は父の会社の一事業部とすることにしました。これは、

出来上がったばかりの白山店の扉。カフカの生家を模した（2013年４月６日）

経費削減効果もありますが、取引の信用を得るのにとても助かりました。

だいたいのことが決まって、商品となる本も、中小取次の集まる神田村《かんだむら》（東京の神田神保町界隈《かいわい》にある本の問屋街）から仕入れることができました。

あとは、開店を待つだけ。

幕間《まくあい》 いつも「外側」にいる自分②

普通でいたい、でも真っ直ぐな道から外れてしまう

自分に一番合ったポジションで

いつの頃からか、普通でいたい、浮いた存在になりたくないという思いが強くなった。

例えば、色。赤が好きだったのに、小学生だと女の子の色だと言われるので、使わないようにしていた。好きな色だということで、両親は赤で揃えてくれたりしたのだが、ぼく自身が他の人の目を気にしてしまい、ムキになって拒否した記憶がある。

目立ちたくないという思いが強い。目立ってもいいことはない。こっそり隠れているのがいい。たぶん、ぼくが一番能力を発揮できるのは、副リーダーとかそういったポジションだと思う。

実際、お店でもいろんな企画を立ち上げているが、基本的にはアイデアを出して、実際の運営や陣頭指揮は信頼の置ける人に任せている。あとはその人が動きやすいように調整

するのが役割だ。必要なときに、責任を引き受ければいい（失敗しても死にはしない）。

外れてもいいやと思えるように

書店の役割も、それに似ているなと思うことがある。著者が手がけた作品と、読者とをつなぐ役割。やっぱり調整役だ。

リアル店舗を構えてから始めた「本棚からの便り」というサービスの肝《きも》は、新たな世界へ挑戦するときのリスクを引き受けることだと思っている。もちろん、その人に合うように考えて選書しているが、もし合わなかったときには、あいつのせいで失敗したんだ、となればいい。それでその道は違うという確信がもてるようになれば、サービスをやっているかいがある。そういった思いで取り組んでいる。

どうしても、道から外れてしまう、ということに気がついてからは楽になった。いやむしろ、そこに道なんかないじゃん、ということに気がついたというか。ん、道はあるけど少しぐらい外れても別に大したことないんだ、ということに気がつけたのだ。

それが、高校1年生の引きこもったときに考えたことでもあった。

第3章

100年続ける本屋の現在地

この章では、白山《はくさん》でリアル店舗を構えてからのことを、赤坂への移転や店舗の運営、各種イベントなどを通じて、たどっていきたいと思います。

1 リアル店舗で見つけたもの

白山店《はくさん》のスタートと、読書会の始まり

2013年4月、双子のライオン堂最初のリアル店舗・白山店がオープンしました。営業日は毎週火曜日・土曜日の午後1時から9時まで。開店当日は、たくさんの人が来店してくれました。

でも1か月もすると、友人たちは訪ねてきても、新規のお客様は本当にちらほら来店する程度になってしまいました。どうするものかと考えていたときに、友人が、イベントを開催するのはどうだろうかと言ってくれました。

正直、嫌でした。今思えば何を言っているんだ、と自分でも思いますが、本屋が1つの本を取り上げてそれをお薦めするように思えることをするのはいかがなものか、と考えたのです。どの本も平等に扱うべきではないかと。

また、うちのような小さな本屋に著者を招いても、10人くらいしか入らず著者に失礼な

のではないかと思いました。最寄り駅から歩いて10分くらいというのも、集客できるのか心配な要素でした。

そんなときに、お客様の1人で今でもイベントなどの協力をしてくれる田中佳祐《たなかけいすけ》君が、「読書会ならどうですか」と提案してくれました。

正直、それも嫌でした。本は1人で読むものだと思っていたからです。

それに、読書会も集客は大変だろうなとは考えていました。トークイベントなどは、著者に会えて直接話を聞けるから人が来ます。当時すでにイベントは乱立気味でしたし、素人《しろうと》が開く読書会に人が集まるか、懐疑的でした。

ただ一方で、そもそも本の売上だけに頼らないスタイルとはいえ、お客様の絶対数が少ないのはまずい。本屋は特に、お客様が育ててくれるものでもあります。まずは多くの人に、お店の存在を知ってもらいたい。という思いも抱いていました。

そこまで考えていても踏ん切りがつかなかったのですが、そんな状態のぼくを見兼ねて田中君がさらに「2人で読書会をして、それを告知しましょうよ。結果的に人が来たら儲《もう》けものじゃないですか」と提案してくれました。

普段からお店で本の話をしていたので、その場を開こうという話でした。

そう考えれば、マイナスはありません。そうして開催した読書会は、はじめのうち、入門書を読むような集まりでした。

2人でも構わないと考えて始めましたが、最初は常連さんやその友人が多かったものの、次第に最低でも7、8人ぐらいが参加する読書会ができていきます。

本の感想を共有する楽しさにすっかりハマったぼくは、その後もどんどん読書会を重ねていくことになるのです（このあたりのくだりは、この本の座談会「双子のライオン堂の読書会」を読んでいただければと思います）。

業界の外側から学んでいく

リアル店舗を始めて、お客様との交流がキーポイントだということに、改めて気づかされました。いろんなイベント、企画を開催してきましたが、その多くが、お客様の提案を形にしていったものです。

出版業界の人脈やコネはなかったですが、頼りになる人はたくさんいました。リアル店舗を構えてお客様と対話していくなかで、業界のことを勉強していきました。それはある意味、外側から眺めている感じでもありました。また、生活基盤は別分野での仕事なので、どっぷりこの業界に浸かっていない状況は、物事を考えるうえで少しいいほうに作用したのではないかと思います。

例えば、営業日のことや、古書と新刊を一緒に置くこと。しかも同じ棚に。当時はこれについては、「こんな並べ方でいいの?」と結構指摘されましたが、そんなことは知ったことではありません。

もちろん、委託販売ではなく買い切りの本(返品のできない本)を取り扱っているから、従来のやり方に縛られなくて済むというのはあります。ただ、選書専門店というコンセプトがあったので、新刊を全て買い切りで仕入れていこうとも決断できました。自分の信頼する選者が選んだ本を返品する気は、さらさらなかったから。

アルバイトの日々――「雇われている」状態を保つ

お店を開く一方で、週3~4日のアルバイトが続いていきます。

仕事内容は毎日違って、掃除をしたり、コールセンターにいたり、備品の修理や引っ越し的な重労働の仕事などさまざまです（この本の冒頭にある「双子のライオン堂と店主の日常」に書いたとおりです）。

たまにアルバイトではなく、「なんでも屋」として独立してもいいのではないかと思うことがあるほど。いつかはそうするかもしれないけれど、今は「雇われている」という状態が大事だと思っているので、なるべくリスクになることはしないようにしています。

アルバイトだけの日は（アルバイトも何個かやっているけど定期的に入っているメインのものは）、基本は言われたことを中心にやればいいので、とても楽です。

肉体労働や体を動かす作業が続くと、気持ちが詰まってくることもありますが、そこはうまいこと息抜きをしたりしてなんとかこなしています。また、作業中は集中しつつ、休憩時間などはお店のことや企画のことを考えたりできるので、ただぼんやりとしているよりも、有益な時間になっています。

そしてなるべくアルバイトの作業に集中して、そこで100％の仕事をしたいと思っていることが多いです。それは、そのほうがあとあとの「気づき」が多いから。せっかく他分野の業界にいるのだから、そこで取得できることをしっかり取得しておきたい。気持ちの切り替えとしても、中途半端《ちゅうとはんぱ》にお店のことを考えて、とやってしまうと、成果も半端なものになってしまいます。かなりイレギュラーな形で勤務させていただいているので、それに応えたいという思いもあります。

お店だけの日、掛けもちの日

お店だけの日は、なるべくお店のことに集中したいと思っています。なかなかできないのですが。棚の整理や店内のレイアウト、フェアの企画、イベントの企画、サイトの更新などを重点的に。

ただ、お店だけの日は何をやっても自由なので、お店以外のこともやりがちです。バイトとして受けている文字起こしや取材記事の修正、店外でのイベントの調整などなど、本屋以外のことでやることは山ほどあります。

一方、掛けもちの日は、気持ちの切り替えが大事です。また、スケジューリングが大変で、残業になってしまうとお店の開店時間に影響が出てしまいます。なので、掛けもちの日は絶対に残業ができません。そこは集中力を高めて、作業効率を上げるようにしています。

他にも、学校にキャリアに関する話をしにいく仕事もあります。いろんな業種・業態、そこに関わる人々に出会うことで、あとあとでお店に対して何かいい影響が出るのではと思っています。

雑然とした白山店の様子。奥にはテーブルがあった

2 白山《はくさん》からの旅立ち

お店としての期限

「動きながら考える」。白山店での約2年間は、まさにそれでした。

でも、動きながらでは考えられないこともある。そして、しっかり腰を据えて深く考えないといけないことも、そうしなければいけないときもある。

移転することになった理由は、厳密にではないけど、始める前に期限を設けていたからというのが大きかったです。

最初は、冬にしか使っていない倉庫のオフシーズンに使用させてもらう、という約束でした。オーナーのTさんと月に1回打ち合わせをして、相談を重ねるたびに、期限を延ばしてもらう。当初のスケジュールだったら、3か月くらいで終わる予定。だけど、頑張っている姿を見てくれたのか、予定は延びに延びて、結果的に2年ちょっと続けることになりました。

ただ最後の話し合いをするときに、Tさんからは「この場所を手放すつもりだが、君だけ残ることもできるけど……、どうする?」と問われました。そのとき、今までなんとなく思い浮かべていたビジョンを、明確に描かざるを得なくなってしまったのです。

一つの区切りとして2015年4月までに答えを出す、ということが決まりました。

本屋への思いは、呪いのように

言ってしまえば、白山はもともと縁もゆかりもない街です。幸運にもその場所でリアル店舗を開店することができて、約2年やっている間に愛着も湧いてきました。

週に2回しか営業していないので、大したご近所付き合いもないのに、近所の人たちは不思議なものを見るような感じではありつつも、温かく見守ってくれていました。

人数は少なくても、個性豊かなお客様もついてくれてきていました。イベントも回数を重ねて、参加者も集まるようになっていきました。そして読書会は、メインコンテンツに育っていきました。

そんななかでの、移転の可能性。ずっと続くとは思っていなかったけど、どこかで永遠に、ここにいるのだと思っていた、その理想の状態が一気に崩れたのです。

ただ1つの指標が、ぼくの支えでした。「100年残る」という言葉。店舗をつくったときに考えたフレーズ。意地でもやめない、そのためにどう振る舞うか、勝敗ラインをどこに設定するか。そのときにふと浮かんだフレーズ。

お客様との会話や取材を受けるなかで、自分でも口にするたびに、その思いは呪いのように強くなっていきました。その言葉が、とても重要な役目をもっていたのです。

「100年」というスパンで考えること

白山でリアル店舗を始めるにあたって、掲げたコンセプトは二つありました。一つは「ほんとの出合い」、もう一つは第2章でも取り上げた「100年残る本と本屋」です。

前者は、「本当」の「本」との出合いを提供したいという思いから。後者は、本屋が急速に減少している現状から、本屋が滅亡する、なくなる、という嘆きの言葉への応答として。本音を言えば、当時も今も、新刊書店が社会に必要なものなのか、という命題への答えが、ぼくの中にはありません。もちろん、一個人としては、あったらいいと思っています。

通販や電子書籍があり、図書館もあるし、古書店もある。残酷ですが、もう新刊を取り扱う本屋はいらないのではないか、とも思えてきます。

でも、ぼくには本屋が必要なのです。そして、本屋がなくなったら悲しむ人が、数人はいるのではないか。本当に本屋がなくなった世界がきたときに、1店舗だけでも残っていて、「ほら、本屋って大事だったじゃん」と言いたい、その思いからこのスローガンを掲げたのでもあります。

両親にも相談していくなかで、母からはこんな言葉も出てきました。「せっかくお店にお客さんがついているからね。なくしちゃったらもったいないわね」。それは、商売的な意味でのいいお客様ということではなくて、何か言葉にならない思いや悩みや葛藤《かっとう》を抱えている人たちのことだと話してくれたのです。

「100年残る」というコンセプトは、物事を考えるうえでも意味がありました。特に本屋のことを考える際に、自分の人生や時勢のことはいったん置いておき、100年スパンでとらえることが、新しい視点を与えてくれました。

すると、普通の発想にはない回答が出て来ます。それが、物件の購入でした。

3　赤坂で物件を買う

100年で1億2000万円の家賃

Tさんと話し合いを重ねていくうちに、場所に対する考えが見えてきました。白山店《はくさん》は、すごくいい街にあったと思うけど、駅から少し遠く、気軽に足を運べる場所ではありませんでした。また、自分の生活圏からもちょっと外れていました。目黒区にずっと住んでいるので、そちら側でやってみたいと考えるようになっていったのです。

物件を探し始めると、家賃がネックになってきます。もちろん、白山店はほぼ無償で提供してもらっていたわけだから、そこが障壁になるのは当たり前といえば当たり前です。逆皮算用というべきか、家賃の計算ばかりしていました。

そのとき、ふと、家賃を100年払い続けた場合の換算をしてみようと思い立ちました。

仮に、1か月10万円とすると、1年で120万円。100年で……、1億2000万円！

これは衝撃でした。

それからは、不動産屋で、売り物件のチラシをチェックするようになります。
お店を100年続けるとすると、物件を購入したほうがいいのではないか、と。

Tさんとの話し合いと並行して、家族会議も開きました。何度目かの機会に物件購入の話を振ってみましたが、原資もなく、拒否されると思っていました。すると、なるほどという反応を得ることができたのです。

お店は長く運営する。でも、本屋の売上だけを頼りにできない。さらには、家賃を払い続けるのも厳しい。それなら、資産として物件を保有して、借金して毎月返済していくほうがいいのではないか、と両親は考えてくれたようでした。

結果的に、信用金庫への相談などを経て、母が実家を有効活用していいと言ってくれ、それを抵当に入れることで、ローンが組めるようになりました。

どんな状況でも続ける、という決意

そして、本格的な物件探しが始まりました。

最初は、自宅近くの目黒区から。しかし、なかなか希望と予算が合わない。そもそも物件が出て来ません。大田区、世田谷区と探索範囲を広げて、眼に留まる物件はありましたが、やはり予算が合わない。また、交通の便がよい物件にも出会えませんでした。

一方で、都内、特に二十三区を縦横《じゅうおう》無尽《むじん》に移動するアルバイトをしていたので、特定の街に思い入れがあったわけでもありませんでした。港区にまで足を伸ばして、やっといくつか可能性のありそうな物件が見つかります。それでも、ここぞという場所がない。

自分の中での期限となる、4月も迫ってきていました。白山店の物件から離れることは、もう決めています。だとしたら、まずは一度、賃貸の物件に店を開いてみて、改めて購入すべき物件を探してもいいかもしれない、と思い始めていました。ただしその場合は、借金ができないので、かなり厳しい状態になります。

モヤモヤした日々が続くなか、信用金庫からは一時、ローンが組めないかもしれないという連絡すら入ってしまいました。

いったんお店をやめざるを得ないのでは、そうも思いました。

でも、どんな状況に陥《おちい》っても、お店は続けると決めたはず。

小さなアパートの一室でもいい。改めて、続ける、と自分に言い聞かせました。

そうしているうちに、双子のライオン堂のリニューアル先となる、赤坂店の物件に出会ったのです。赤坂という街には、仕事で何度も訪れていたので、土地柄はつかんでいる気でいて、本屋をやる場所としてふさわしいのだろうかという疑問を抱いていました。

紹介された物件に足を運んでみると、周辺の土地を含めて、自分の知る赤坂とは異なる雰囲気《ふんいき》が漂っています。住宅街で、近くには公園や神社もある。

何度も通ってみて、ここはよさそうだなと思えるようになっていきました。

物件との出会いは、運。価格・立地、これは、乗るべき運だ。

白山店の常連さんにも相談すると、反応は上々でした。「どこに移転しても行きますけどね」という言葉をたくさんいただけたのが、嬉しかった。

港区の赤坂、ここでやることを決めました。

それで日々はまた一転し、アルバイトの時間を増やしつつ、さらにお店の営業日も増やすという方向に向かいます。ローンを背負っているので、より収益についてしっかり計画的に予定を立てていかなければいけません。動き続けなければと思った瞬間です。

4　赤坂店での4年間

入口にこだわる

２０１５年10月、双子のライオン堂・赤坂店がリニューアルオープンしました。移転先の改築工事をするときに一番悩んだのは、お店の入口です。

白山《はくさん》店は、カフカの生家を模して、入口の扉をデザインしました。最初は、これをそのまま移築したいと考えていたのですが、構造上どうしても無理でした。

入口は、お店の顔です。商売なのだから、まずはお客様にとって入りやすい入口にするべきだ、という意見もあるでしょう。でもぼくは入口を、ワクワクする扉にしたかった。扉を開ける行為に意味をもたせたかったのです。

白山店では、作家の家に遊びにきたような感じを与えたかったから、そうしました。では、赤坂店では何ができるか。いろいろな文学者の家を調べてみましたが、カフカの家以上にしっくりくるものが見つかりません。次に、作品に出てくる扉を調べてみました。

これもなかなかいいものが見当たりません。

敷居《しきい》をまたぐという行為は、文学的にとても大事なことです。それを実践、体験してほしいという思いがありました。

知り合いのデザイナーさんと雑談をしているときに、ふと「本を開くみたいな気持ちにできる扉って、なんですかね……」と訊ねていました。口にした瞬間、それだ！　と思い、家に帰ってすぐに自分で絵を描きました。こんな感じの扉というふうに、それを再現してもらうことにしたのです。

数日後、扉の基礎ができたという連絡をもらったので、見に行きました。するとそこで待っていたのは、普通の扉でした。

これは、ぼくの理想とする本の形じゃない。少し考えて分かりました。縦横の比率です。そこで無理を承知で、長辺を思い切って短くするようにお願いしました。無理のない程度に、四六判《しろくばん》といわれる本のサイズの比率に近づけてもらいます。

一度作ったものを取り外し、作り直してもらった扉は、思った以上に本という形に仕上がっていました。本の表紙をめくると本屋に入れる。これだけは譲れない形でした。

本の表紙をめくると本屋に入れる、赤坂店入口の扉

この扉には、いまだに賛否両論あります。正直、入りづらいと。
でも、そういうことを言う人に限って、実際には、お店に入ってきているのです。

読書会の増加と新しい試み

移転して、営業日を週2日から週4日へ増やすことにしました。家賃を支払う必要はないですが、借金は返済しないといけないからです。営業日は毎週水曜日から土曜日、午後3時から9時まで（日曜は不定期で開店）。

そして、双子のライオン堂の肝《きも》と言ってもいい読書会も、増やそうと考えました。

赤坂店には、ギャラリー兼イベントスペースを設けました（父のアイデアです）。白山店では、本の売場とイベント空間が一緒。別々にすることで気兼ねなく、イベントを増やしていけます。

読書会は白山店から引き続き、常連さんである田中君が一緒に企画運営してくれています。普通に本屋業界とは異なる仕事に勤めるかたわら、面倒を見てくれています。

それまでは、入門書の読書会をはじめ、日本文学全集などの読書会もやっていました。赤坂店では、もう少し違う流れの読書会――「連続する読書会」というものを始めることにしました。

この企画は、映画を見る読書会ができないか、と考えたのがきっかけです。

映画を上映するには、費用がかかります。その費用を賄《まかな》うために、テーマの連なる読書会を企画してみたのです。上映映画は、ドストエフスキーの作品をドイツ語に翻訳しているおばあさんのドキュメンタリー『ドストエフスキーと愛に生きる』に決まりました。

それに関連して、ドストエフスキーの小説を全部読む読書会を企画。協議を重ねた結果、五大長編『未成年』『悪霊《あくりょう》』『白痴《はくち》』『罪と罰』『カラマーゾフの兄弟』を半年で読む会を始めることにしました。

チケットを発行すると、すぐに満員になったのは驚きでした。

本当は、映画を上映するための苦肉の策でしたが、今では連続読書会がメインになっています。短期間で集中して名著を読む機会は普通ないし、大人になると特にありません。それが魅力的に映ったようです。

また、単発の読書会ばかりに参加してもらうと、前後の読書会で取り上げた書籍に触れづらいというのがあります。連続読書会なら参加者が基本的には決まっているので、前回の話もできます。これも功を奏したようでした。

敷居《しきい》を下げるために、棚にこだわる

ライオン堂の棚については、よく、自由ですね、ゆるいですね、と言われます。すごくこだわりが強いほうだとは思わないけど、こだわりがないわけではありません。まず、ぼく自身が、綺麗《きれい》に整った本棚から本を抜き出すのが苦手というのがあります。自分なんかがその張り詰めた棚、空間を汚していいものだろうかと、躊躇《ちゅうちょ》してしまうのです。

なので、なるべく気取らない棚づくりを考えています。古本と新刊が混ざっているのもそうだし、本の上に本を重ねるのもそうです（これは人によってお叱《しか》りを受けることもあるのですが、たいていの場合は大丈夫です）。とにかく、本屋としての敷居を下げたい。特にお店のラインアップ的に人文書が多いので、置いている自分ですら全て読んでいないし、読んでいても理解できていない本も少なくありません。

少し話がそれますが、本を読むというのは、最初から最後まで読み通すことが全てなのでしょうか。それだけが読書というものなのか、そんな疑問もずっと抱いていて、そういう意味では一部分でも自分に刺さる言葉に出会う可能性はあるし、ある一文に救われたり転機になったりすることもあります。

だからどうにか、出会いの確率を上げたいと思って、その意味で敷居を下げるために、あえてちょっと棚を綺麗に整えようとは思っていないのです。

「他人が入る余地」をつくる

もう一つの理由としては、これも似ているのだけど、「お客様が本を棚へどのように戻したか」も大事だと考えています。

お客様が手に取って、それをそのまま戻しても少し動きが出るだろうし、はたまた別の場所に置いたとしても、それはそれでぼくにはできない「陳列」が生まれます。そこに隙《すき》みたいなものができて、新しいお客様＝読者の入る余地ができる、みたいなことになると思っています。

そもそもライオン堂が、誰かの棚を見せることをコンセプトにしているのは「他人が入る余地」を大事にしているからかもしれません。

もっと言えば、やっぱりぼくは本を売ることも大事にしたいけど、読んでもらうことを大切にしたいのです。それがたとえ1行だけだとしても。いや、むしろ、1行だけ読んだことも読書と認めてあげたいと思うのです。

「自由」と「こだわり」の同居する、双子のライオン堂の棚

変化に寄り添っていく――「本屋入門」のアレンジ

小さな本屋の店主として、環境の変化へ柔軟に対応することが、大事だと思っています。白山店からの移転が決まり、白山店を使い倒そうと実施した企画が「本屋入門」です。これは、全国の小さな本屋の魅力を伝える活動に取り組む、BOOKSHOP LOVER《ブックショップラバー》の和氣正幸《わきまさゆき》さんと協力して企画しました。

普通の本屋ではできないことをしたい、本屋の常識を壊そうという思いからスタートさせ、2回目は赤坂店で開催。半年かけてじっくり本屋について考え、実践する講座で、受講期間はずっと本屋のことを考えてもらえるはずと、あえて長期の日程を組みました。

ところが、3回目の開催を計画しているうちに2人とも忙しくなって、半年もの間、予定を合わせることが難しくなってしまいました。そこで、同じ内容を1日に圧縮した講座に組み換えてやってみるのはどうかと考えました。

ただ座学はともかく、1日ではどうしても実践ができません。これは本来目的としていた本屋入門の狙いと異なるのではないかと、躊躇《ちゅうちょ》してしまいました。

そんな悩みを和氣さんと共有しているときに、計画書を書いてもらうというのも一つの実践では、という話になりました。それだと思い、講座の名前も少し変えて、別の企画としてやってみることにしました。名づけて「本屋入門SWITCH《スウィッチ》」。本屋を始めたい人の、背中を押す講座という意味を込めています。

実際に開催してみて、受講者層に変化がありました。以前の連続講座では、都内、遠くても関東圏の人がせいぜいでしたが、明らかに関東圏以外の方も参加してくれるようになったのです。ぼく自身が都内で活動しているので心許《こころもと》ない部分もありましたが、和氣さんは全国の本屋状況も取材を通じて把握しているので心強かった。

主催する側にとっても、学びの大きいイベントとなりました。

店番を家族に頼る

営業日が増えたことで、自分だけではお店を回せなくなりました。それ以前から時折、両親に店番をお願いしたことがあったのですが、本格的に引き受けてもらうことにしました。

赤の他人ではありませんが、他者をお店に入れることで、引き継ぎなど面倒なことも実際増えます。一方で、本屋としてよい環境を維持する、運営をシステム化することはできた気がします。白山店は悪く言えば、適当にやっていてもよかった。ぼくがお店の一から十までを全部やるので、ぼくだけが把握していればよかったのです。

でも、複数人でお店を回すためには、決まり事を設けたりする必要があります。それが、お店の環境を適度なレベルで保つことにつながっているとも思っています。

また、アイデアも自分一人では絶対に出て来ないものがあり、面白いです。ギャラリー兼イベントスペースで毎年開催している「ブックエンド展」（さまざまな本立てを作品として陳列し、販売や、アンケートによる評価なども行う展示会）がその一つです。

もともと両親は、本は読むものの、本屋に関心があるというほどではありませんでした。店番を頼むと、ここには面白い本がないと指摘してくることもあります。そんな人でも楽しんでもらえる企画をやればいいんじゃないかと思い、開催したのがブックエンドの展示会だったのです。

本屋が文芸誌を出版する意味――書き手への場所の提供

リアル店舗を開いてから知り合った作家さんやライターさん、編集者の方々が常々、呟《つぶや》いていたことがあります。若手の書き手に、書く場所がない。意識のある人たちは同人誌を作ったりもしているけれど、今ひとつ広がらない。仕方なくウェブ媒体で執筆をして、しかもほぼ無料でというケースも多いです（最近ではウェブ媒体でも、ある程度の金額を支払うところも増えています）。

また、書く媒体の属性についても、ウェブで書く場所を確保したところで、書きたいことばかり書けるわけではありません。まして文学なんて――。そんな声も聞いたりしていました。

あるとき、お店のお客様と何気ない会話をしていたら（だいたい何気ない会話からの気づきが多いです）、「選書してくれてる作家さんに声かけて、文集を作ったら面白いんじゃない？」と言われて、なるほど、と。なぜ今まで気がつかなかったのか。確かに選書者は、文芸誌やそれ以外の雑誌・新聞、ウェブ媒体に登場する方ばかりでした。

ただ、ぼくの編集の経験は、大学生のときにやった卒論のまとめを自主的に作ったことぐらい。プロの方々の原稿を、ぼくなんかが集めて編集なんてしていいのか疑問でした。ビビる気持ちとは裏腹に、いろんなお客様に構想を話して、徐々にコンセプトなどを固めていきました。もちろん、実際にはどうしたらよいものか、分からない状態です。はじめの一歩は実は簡単で、だいたい二歩・三歩目で早速《さっそく》つまずくのです。編集はお客様（田中君）とやろうと考えて、でも指導者的な人も必要だと。

そこで学生時代からお世話になっていた先輩の編集者の方に相談をして、一緒に作ることになります。これが、双子のライオン堂として刊行する最初の文芸誌、『草獅子《そうしし》』の始まりでした。

母校を訪ねて、緊張の依頼

原稿依頼は、まず選書でも一番にお願いをした辻原登《つじはらのぼる》先生と山城《やましろ》むつみ先生から。母校の先生だから大丈夫でしょ、と思われるかもしれないけれど、実際ぼくはとてつもなく緊張していました。もちろん、大丈夫だよね、という思いもありつつ、お互いに長く知っている間柄《あいだがら》ゆえに、竹田の編集する雑誌になんて書けない、と言われるんじゃないか、そんなお得意のマイナス思考を駆け巡らせていました。

依頼にあたり、大学の研究室へ直接おもむきました。久しぶりに訪れた研究棟は、あの頃と同じ香りがしました。本と埃《ほこり》とコーヒーと、何かの香り。地下に考古学の資料があるのを、ふと思い出したりもしてしまいます。

懐かしく思いながら、廊下を歩いていると、学生の声が聞こえてきます。扉の近くまで行くと、卒業論文のゼミが延長していました。発表の邪魔をしないように、扉の外から覗き込んでいたら、学生が1人出てきて先生も気がつきます。中に招かれて、その場にいた人に紹介してくれました。

そのあと「ところで、なんの用?」と聞かれたので、「今じゃないほうが……」と遠慮したら「もう発表も終わったからいいよ」と。人前で依頼していいものかと思いながらも、相談をすると、案《あん》の定《じょう》「断りづらい環境で……」と苦笑いされながら、分かったと言ってくれました。ほっと息をつけました。

そこから企画は加速して、(本当はいろいろあったんだけど)完成までこぎつけ、予想以上の反響をいただくことができました。

新人発掘の下地をつくる

この文芸誌は、2号目から名前を変えて、『しししし』として再出発しました。思いは一緒、書き手への場所の提供です。

今、雑誌的な活動をする意義があるとしたら、それは新人の発掘と古典の再評価。文芸誌は、保養所や保護施設ではありません。そこに批評性がなければ意味がない。すでに名前の通っている書き手ばかりが載り、若い作家の作品を載せないのには、違和感があります。それは、書き手を育てるのも文芸誌の役目だと思っているからです。『しししし』も、執筆陣をざっと見れば、そうした作家を集めた文芸誌じゃないかととらえる人もいるかもしれません。でも、ここには一応の作戦があります。

無名の本屋が、無名の雑誌を作り、無名の作家を押し出して、それを世の中が見つけ出してくれるでしょうか。どんなに営業努力をしても、それでも届かない場所はあります。今は、そのための下地づくりをしている段階です。

そもそも編集も出版も（本屋をすることだって）素人《しろうと》のぼくがいきなり作った文芸誌を、誰が欲しがり、価値を見いだしてくれるのか。ぼくがやりたいのは、新機軸を誤配するということ。Aという事象に興味がある人たちに対して、Bという事象の面白さを伝えたい。それは本屋でも、出版でも変わらない考えです。

だからお店でも、同じようなジャンルで本をまとめて置かず、ジャンルの垣根を超えて、棚の中であえてぶつかり合うように置いています。文芸誌の役目も同じだと思っていて、いろんな人がいろんな言葉で考えを述べている、未知との遭遇、幸せな事故、普段の生活では触れられない〈危険〉なものとの出会い、それを演出したい。

ぼくも、その演出にいろいろと助けられてきたから、そうすることで世界は広がるのだと思っています。

まずは足場づくりに取り組んで、次のステップまではまだ時間がかかると思っています。それでも、賛同してくれている作家さんたちがいるので、そろそろ「新人の発掘」にも力を注いでいきたいと考えています。

それと同時に、古典の再評価についても、まだまだ読まれ足りていないとぼくが本気で思っている作家がたくさんいるので、歴史に埋もれてしまった作家に新しい光を与える、そんなことができたらなと思っています。

最初の文芸誌『草獅子』（右）、リニューアルした『しししし』１号（左）、
『しししし』２号（中央）。2020年４月には３号を発売

文芸誌を全国の本屋さんに出荷して、分かったこと

文芸誌を実際に作ってみて、自分の編集した本を直接売ることがどれほど嬉しいことか、楽しいことか、ということを知りました。そして、利益的にも思わぬ恩恵を受けていることに気がつきました。

本屋では、自分のお店にある在庫以上に、本を売ることはできません。でも文芸誌を刊行したことで、自分のお店の匂いをまとった本が、別のお店へ出張してくれることになったのです。ぼくがお店を開けていないときにも利益が生まれる、それは当たり前のことなのですが、すごいことだと思いました。

正直、ライオン堂だけで1000部も売ることはできません。せいぜい200から300部程度で、それ以外は全国の本屋さんが売ってくれています。これがいかにすごいことか。そして、本屋として本を売っているだけでは、分からないこともありました。出版不況と、業界の中の人たちがそれぞれのポジションでだけ語っているけれど、立場が変わればなんとやらです。全国の本屋さんで販売してもらうことで、初めて気がつくことも多いのです。

そう、返品のショックです。出版をやっていないと分からないことでした。

企画の拡大――全巻フェアの仕掛け方

ぼくに何かできることがあるとすれば、それは「やってみること」だけだと思っています。何かをやってみるときに重要なのは、無理をしないこと。予算をなるべくかけずに、面白いと思ってもらえるものをどうつくり込むか。それは、全ての企画に通じる話です。

例えば、フェアを開こうと考えたとします。その場合、ライオン堂では、まず在庫の9

割が委託販売ではない（返品のできない）買い切りです。契約も基本的には買い切りだけなので、フェアをするのは非常に難しいです。また、取次も中小の規模なので、1つの取次だけでは、複数にまたがる出版社の本を仕入れることはできません。

そこで、頭を悩ませながら考えたのが、1社とだけ取引をして、期間限定で委託を認めてもらう（返品可能にしてもらう）ことでした。ただ、1社だけで、どんなテーマのフェアを開けば面白くなるかが難しかった。いろいろ考えて、目録を見たり、他の本屋に行って棚を調べたりもしました。

そうしているうちに、あることに気がつきました。出版社のコーナーにも、ない本があったりするのです。もちろん、品切れ重版未定の本（出版社にも在庫がなく、再び印刷する予定のない本）があるのは分かります。しかし、それだけの理由じゃなくて、ないものが存在します。

このことに気がついて、出版社のレーベル丸々1つを全部置かせてもらおうと考えました。第1弾は、河出《かわで》書房新社の『文藝《ぶんげい》別冊』を在庫がある限り全部置くフェア。第2弾は、青土《せいど》社の『ユリイカ』と『現代思想』を全部。フェアを展開していくうちに手応えが出て

2019年から2020年にかけて開いた「本の雑誌社」全巻フェアの様子

きて、今までいらっしゃらなかった層のお客様が来てくれるようになりました。

その調子で今度は、平凡社の『平凡社ライブラリー』全巻フェアをやってみたら、また新しい気づきがあったのです。

それまでは雑誌やムックというタイプで、平凡社ライブラリーは書籍です。そして、それぞれにもともとのファンがいるということを知りました。その方たちも、1つの本屋でこれほどのラインアップが並んでいるのは見たことがない、と喜んでくれたのです。これは嬉しい。素晴らしい。また平凡社の営業さんが非常に熱心な方で、サポートしてくれました。

その後も、講談社の『ブルーバックス』

全巻フェアなどをやり、同時に小さな版元さんと出会うことも増えてきて、サイズ感がちょうどよかったので、版元さんの全巻フェアをやりましょう！　なんて言ってお願いしたりしていくことに。

書肆《しょし》侃侃房《かんかんぼう》、雷鳥社、左右社、幻戯《げんき》書房、本の雑誌社と続き、1つの出版社の刊行書籍全てを一挙に見る機会はあまりなく、版元さんのファンという人でも珍しい本と出会えたと言って、不思議な盛り上がりを見せました。

他者にどう見られているか。取材者の目を通して見えること

双子のライオン堂という、普通の本屋とはちょっと違うお店を開いていることもあって、いろいろな取材を受けるようになりました。取材者に話をしていると、その人の反応を見て、自分がやっていることの方向性が良いのか悪いのか分かることもあります。原稿になって戻ってきた場合も、どの話に注目いただいたのか、それで他者の視点が分かります。これは大事なことだと思っています。

一人でやっていると、ついつい自分よがりになりがちです。ぼくの場合だと厳しいお客

様がいるので、その視点もありますが、それでも彼らは優しくサポートしてくれるので、本当の他者の視点ではなくなってしまうこともあります。同じ熱狂の中にいると、尚更《なおさら》そうでしょう。でも、取材者の方は、いろんな取材対象を見ているので、そういう意味ではかなり目の肥えた、そして耳の肥えた他者だと思っています。

また、自分で話していることを自分で話しながら聞くと、ああ自分ってこんなことを考えていたんだな、と再認識できます。

自分の言葉は、聞き入れやすくて、自己洗脳をかけているとも言えます。

普段はなんとなく、漠然としか考えられていない企画や思いも、言葉に出すことでぐっと具体的になっていくのです。

幕《まく》間《あい》　いつも「外側」にいる自分③

家族という存在、友人という存在

驚かせたいという思いは変わらない

家族に恵まれていると、ずっと思っている。両親は、常に褒めて育ててくれた。いたずらをしても、叱《しか》られはするものの発想力を褒められることもあった。

そのせいで、小学校に入ってからは怒られてばかりで、社会とのずれにとまどった。

友達にも恵まれていたと思う。クラスの人気者的な存在ではなかったが、数名の大切な友達が各時期に必ずできて、自分の無茶苦茶な思いつきを受け入れてくれた。

小学校の1年で親友になったM・T君とは、公園の茂みに子どもの定番である秘密基地づくりをした。2人で競ってサバイバル情報を集め、熱中し過ぎて帰るのも忘れ、親たちが血相変えて捜索《そうさく》していたなんてこともあった。

冒険と称して、小学生だけで遠出することもした。M・T君の親は共働きで、病院に勤めていた。驚かせようと、学校が終わると病院までの地図を頼りに、少ない小遣いでバスと電車を乗り継いで、勤務先の病院まで行った。

ぼくたち2人の姿を目にしたM・T君の母は、すごく驚いた顔をしていたのを覚えている。

この頃からぼくは、変わっていないようにも思う。人を驚かしたい。行動あるのみ。要は、単純なのである。

それでもどこかで、距離を置く

高校のときは、今の妻と出会った。出会ったときから、恋人というよりかは相棒という感じだった。彼女は絵が上手《うま》く、ぼくは物語をつくることに夢中で、小説を読んで褒めてくれた。彼女のセンスはかなり変わっていて、ぼくにはないものをもっていた。

大学時代は、創作のライバルO君とよくつるんでいた。飲み屋では創作論を交わし、映画や文学に詳しく、いつもいろんなことを教えてくれた。

また、野球サークルを立ち上げた。そのとき外部の学校から参加してくれたY・O君とは、会ったその日から、昔からの友達同士のように馴染《なじ》んでいた。

そんな友人たちに、共通して言われることがある。

「おまえは、玄関まではすぐ上げるけど、絶対に人を部屋に上げないよな」という趣旨《しゅし》の言葉だ。確かにそうなのかもしれない。

双子のライオン堂の読書会

誰のための本屋？
なんのための本屋？

前編

双子のライオン堂って、どんな雰囲気《ふんいき》の本屋なの？　本屋発の文芸誌『しししし』って、なに？　そんな疑問に応えるために、ライオン堂の店主をはじめとした、お店に一番関わりの深い４人を集めて、じっくり楽しく話をしてもらいました。話は、店主との出会いから始まり、自由にどこまでも広がっていきます。

双子のライオン堂を支える
メンバーたち

竹田信弥《たけだしんや》

1986年生まれ。

双子のライオン堂・店主。閉ざされているようで開かれている心と店構えで、100年続く本屋の運営を続ける。基本的に断れない性格。

田中佳祐《たなかけいすけ》

1990年生まれ。

学生時代から店主を知る、ライオン堂裏の顔。店主の友人であり、叱咤激励《しったげきれい》する係であり、読書会の司会を務める最重要人物。竹田を「店長」と呼ぶ。

松井祐輔《まついゆうすけ》

1984年生まれ。
H.A.Bookstore・店主。という立場にとどまらず、出版・流通・本屋と、1人で本に関する全てに取り組む、元・取次社員。常にフラットで穏やか。

中村圭佑《なかむらけいすけ》

1984年生まれ。

デザインスタジオ・ampersands《アンパサンズ》のアートディレクター。主にエディトリアル（編集）を中心としたデザインに従事。ライオン堂のロゴの作者。

第1部 店主との出会い

「この店、同じ客しか来てない」

田中 店長と初めて会ったのは、僕が一番早い？　じゃあ無駄話しないで、さくっと行くと。僕と店長は、2012年の冬に会いましたね。TBSの文化系トークラジオLifeっていう、社会とカルチャーを語る深夜番組があって、それをずっと聴いてたんですよ。そのラジオのオフ会に行って、店長と出会ったんです。その場にはLifeの出演者の人も遊びに来てくれてたのかな。

竹田 何回かあったかな。そのときにふわふわ仲良くなっていく感じでした。

田中 で、「今度本屋やるんですよ、白山《はくさん》で始めるんです」みたいな。

竹田 僕も会社をやめて、フリーで本屋をどうやってこうかなって考えていて。もともと双子のライオン堂自体は高校のときからやっていたネット古書店で、それを大きくするつもりで会社をやめたんです。店舗をもつ予定はなかったんですけど、勉強会とかいろんなことをしているなかで、Lifeのオフ会にブログかなんかを見て行くようになって。そこで今でも何人か知り合いの人がいて、その1人として田中君に出会った。

田中 店長と僕の共通の友達が、「ライオン堂が開店するから、開店パーティのあとにLifeを生で聴く会をやろう」と。

竹田 朝まで集まってラジオ聴くっていう、謎の企画をね（笑）。

田中 たぶんあれって、ライオン堂のイベントの1個目か2個目だったんじゃ。

竹田　開店日前日の夜、プレオープン日の夜にやりました。

田中　で、僕そこに行ったんです、Life好きだし、店長のことも知ってたから。そこで初めてちゃんと話したって感じですね。

竹田　白山店の最初の頃は、Lifeのリスナーみたいな人たちが集まってましたね。オフ会の仲間が、ちょいちょい集まって話をする場所みたいな。そこに新しく、僕の昔の会社の知り合いとかが来たりって感じで、最初の頃は基本的にイベントとかをなんにもしてないんです（笑）。

田中　何回か通ううちに、僕は気づいたことがあって。「この店、いつ来ても同じ客しかいない」じゃないかと（笑）。だから、「竹田さんマズくないですか」（当時は竹田さんと呼んでいた）。そしたら「いや、全然ダメ」みたいな。「じゃイベントやりませんか」って提案したら――

竹田　「やだ」（笑）。

田中　「やだやだやだやだ、絶対やだ」って（笑）。

一堂　（爆笑）

田中　「知らない人とか来ないほうがいい」とか言って。

竹田　今思うと、何を考えていたんですかね。

田中　じゃあ「僕ボードゲーム好きなんで、僕の友達だけ呼んで、ボードゲームを遊ぶ場所として貸してもらえませんか」という話をして。

竹田　田中君が僕の心を開くために（笑）。

田中　5円ぐらい払って（笑）。

竹田　5円は冗談で。マジでちゃんとお金を払ってくれて。場所代を払うから自由に使わせてっていうのが、一番最初でしたね。僕についての印象としては「ダメな人」ですよね（笑）。

田中　「この人、何言ってるんだろう」みたいな（笑）。別に僕は、当時、本屋がすごい好きでライオン堂に行ってたわけじゃないし、Life

が好きで、店長も話をしてると面白いから、友達が集まりやすいから行くみたいな感じ？　だから当初の印象は「困ってる人」。

竹田　最初それこそ田中君を見たときに、すごい堂々としてたから、さっきの共通の友達（僕の3、4歳上）の同級生だと思ってたんですよ。それがまさか4歳も年下の人だとは思わなかった（笑）。一番最初に会ったとき、田中君、大学生だったでしょ。で、今年から学校の先生やるんですよって、えー、今から就職なの？　みたいな感じでしたね。

ライオン堂は「怖い」？

松井　僕が初めてライオン堂（白山店）に行ったとき、たぶん田中君いたんじゃないかな。

田中　いた可能性ありますね、だいたい毎週いたよね。

松井　で、ライオン堂に行ったら、奥にテーブルがあったでしょ当時。そのテーブルに2～3人ぐらいの人が駄弁《だべ》ってて、「これはいったい、どうすればいいんだろう」と……。それでも本屋だから入るじゃないですか、それで入ったら田中君か竹田君かが来てくれて、「あ、なんか、お店なんで好きにどうぞ」って。だから買い物して、何も言わず帰ったのが最初で。

中村　お客さんとして普通に来てたっていう。

松井　そうそう。それは当時、一箱《ひとはこ》古本市とかで遊んでたとき隣になった人に、「こういう本屋さんができて面白いんですよ」って話を聞いたからで。それで初めて行ったっていうのが、実はほんとの最初の最初。

竹田　そのとき松井さんは、本屋をやっていなかった？

松井　いやぜんぜんやっていない、小屋ＢＯＯＫＳもやってない。僕は２０１３年に取次会社をやめて、２０１４年の４月に小屋ＢＯＯＫＳ

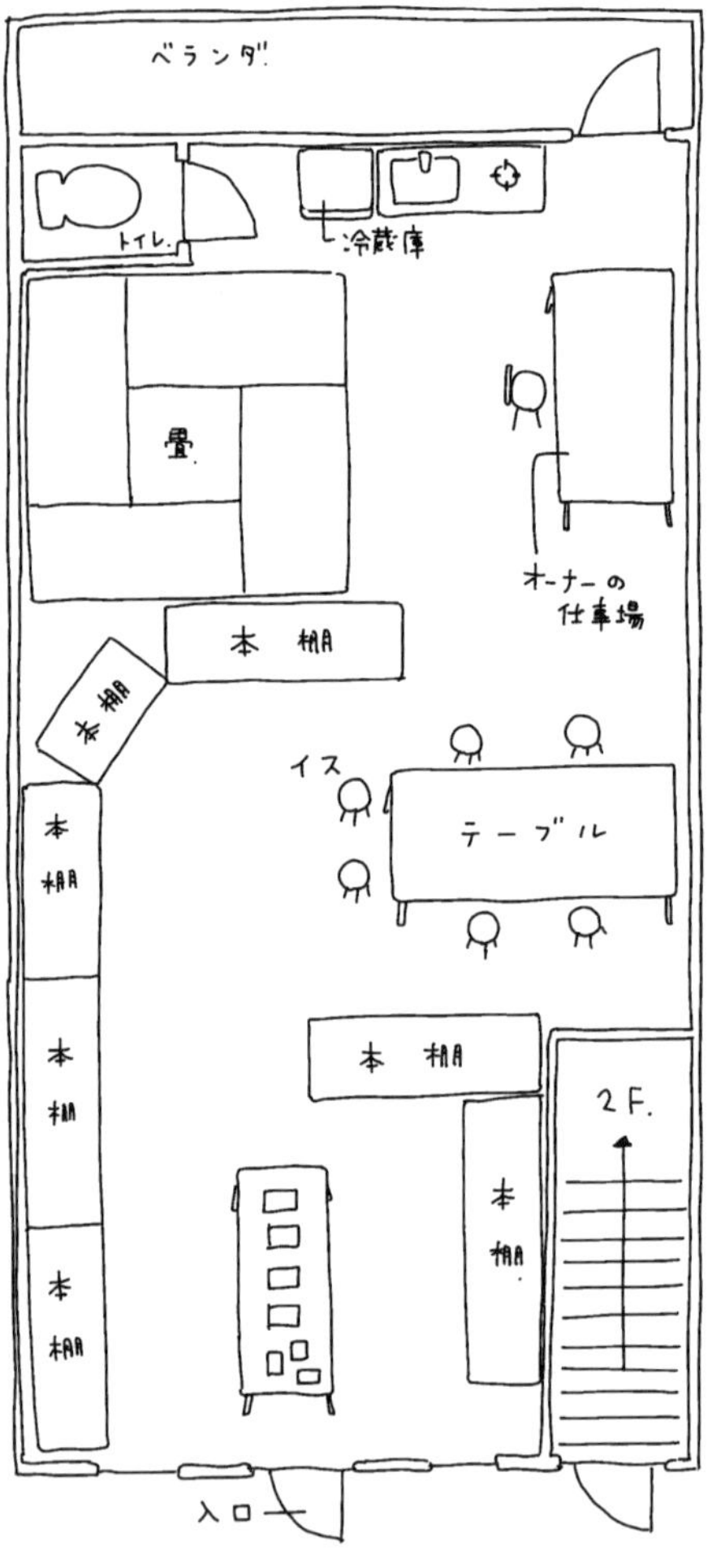

「双子のライオン堂」白山店の見取り図

を始めるんですけど、その間ぐらい。で、たまたま本屋をめぐってインタビューするっていう連載をウェブサイトでやってて。当時って、個人で始めたいわゆる独立系のしかも新刊を扱う本屋さんってそんななかったんですよ、僕の知ってる範囲では。そのなかでも、そういえばライオン堂っていう本屋さんがあったなって。話をしていったら、共通の知り合い（本屋ライターの和氣正幸《わきまさゆき》さん）がライオン堂でよく企画もやってるというので、そこを通じて取材の申し込みをしたという感じです。だから、2015年2月に取材に行ったときが実質、初対面。

竹田　結構しゃべった最初は、そこですよね。

松井　っていうのが、きっかけですね。

田中　なんで仲良くなったのかな。

竹田　僕が一方的に仲良くなった気が（笑）。この人、僕の知らない業界のこと、すごく詳しい！　今まで誰にも聞けなかったから教えて！　みたいな。松井さんに助けてもらう感じ。当時は同年代っていないし、業界のコネもないし。

松井　そっからはなんか、断続的にって感じじゃないですかね。

竹田　小屋BOOKSってのが虎ノ門のリトルトーキョーにできて、僕が仕事で都内のオフィスビルを清掃する仕事をしてるとき、休み時間にちょこちょこ見に行って。（リトルトーキョーの）コンセプトが分からないんですよね。さらに小屋BOOKSの中に入って、そこにも説明が書いてあるわけじゃない。無人で、カフェ兼フリースペースみたいなところの横にあって、どういうあれなんだろうなと思いつつ、僕も本が好きなので行くようになってて、で、雑誌とかちょこちょこ取材に載ってたりもして。それを見て、ああ、こういう人がやってるんだって思ってたら、ウチに取材に来てくれるっていう形になって。そのあとで僕が心を打ち解けたのは、たぶん蔵前(H.A.Bookstore)への移転というか、リトルトーキョー最後の日に遊びに行って。

松井 はいはいはい。

竹田 それで改めて、ちょっと深めに話をした覚えがありますね、もちろん取材のときから仲良くいろいろ話をしたのでっていうのもあったので。そこからお互い何かやろうみたいな。

松井 仲俣暁生《なかまたあきお》さんの雑誌編集の講座に誘われたりとかして。それでお互い移転のときに、ちょうどタイミングがかぶったので、「なんかやろうか」って仲良くなっていった感じですかね。

中村 印象はどうでしたか。

松井 印象はね……。最初は結構、ライオン堂に行くのが――

竹田 怖い? みんなに言われる「怖い」って(笑)。

松井 いや、怖いの領域はいろいろあるんだけど、僕は割と「文学すごく好きな人なんだ」ってイメージが強かった。事実すごい好きな人だってのは分かるんだけど。自分がそんなに文学をめちゃくちゃ読み込んでるタイプじゃなかったので、なんか、「話が合わなかったらどうしようかな」と。例えば山城《やましろ》むつみって、ドストエフスキーですごい本がある人だっけ? くらいのところからスタートしてるからね、当時は。

竹田 「え、君は『罪と罰』も読んでないの」、って言うかもしれない怖さ。分かる分かる。

松井 そういう意味では当時は、ライオン堂の敷居《しきい》が高かったのかもしれない。

田中 確かに文学押しの感じはあったよね。

松井 でも話すと全然、そんなことはなくて。

竹田 調子がいい(笑)。

松井 そっからは割と打ち解けたかなって感じです。

竹田 まあ、お調子者ですから。

田中　おしゃべり、かな。おまえが言うなよ、って感じがするかもしれないけど。
一堂　（爆笑）
竹田　まあ、僕と同等にしゃべる人は田中君ぐらいしかいない。そんなことないか。
中村　お客さんと集まると、燃えるみたいなところも……。
松井　つまり、オタクの集まりなわけですよ。
竹田　僕は文学オタクみたいな。他にも本が好き、本屋が好きみたいな人もいて。みんな熱い。

店主は御本尊《ごほんぞん》でマスコット

田中　中村さんが一番、まっとうな出会い方をしてますね。
中村　そうですね、入口的には。僕の場合は、本屋入門というイベントに来た、お客さんとして。
竹田　しかも、最初は連れてこられた。
中村　友達に「一緒に行かないか」って言われて、僕もそんなに興味がないわけじゃなかったので。で、そのときに、イベントに行くのがちょっと遅かったんですね、だから（共同主催者の）和氣さんと竹田さんと、僕と友達だけの会みたいなのに行ったんです。
竹田　たぶん最初ね、本屋入門がどんな会か分からないと思ったので。本屋入門のプレというか無料の説明会みたいなのを、1日3回ぐらいやってた、そのとき。
中村　あーそういうことか。だから、印象的には、竹田さんはどちらかというとオーガナイザーだった。竹田さんが自分を見せる機会は、そこにはあまりなかった、むしろ、皆さんの個性を集めましょうみたいな感じで。
竹田　和氣さんが司会だったから、僕は良く言えばプロデューサー、まあ実際は雑用というか調整役というか、ＡＤ的な。

中村　御本尊的な感じですよね。僧侶《そうりょ》がいて、いろいろやってくれてるけど、御本尊はこっちにある。

竹田　よく動く御本尊。

一堂　(笑)

中村　でも印象的には、本当にそうでしたね。竹田さんは僕の中では、なんて言えばいいのか、マスコットキャラなんですよ。なんかいないと始まんないし、いてどうなるっていう……、わけじゃないんですけど。

一堂　(爆笑)

中村　でも、いないと始まっていく感じがしない。だから竹田さんはいないとダメなんですよ。いてくれるだけでいい。でも、誰も竹田さんの話聞いてくれないみたいな。

竹田　おーいみんな、ちょっと待ってーみたいな(笑)。中村さんだけですよ、褒めて伸ばしてくれるのは。

田中　中村さんは、勝手に自費を投じてライオン堂の看板とかを最初つくってくれたという、謎のあしながおじさんですね。

中村　本屋入門で、みんなでライオン堂を使って自分たちの本屋を考えようってときに、僕も課題をやろうとしたんですけど、せっかくだから関わり方としてやっぱり、デザインが一番しっくりくるんじゃないかなと思って。そこで皆さんのアイデアを形にするときに、僕がちょっとだけお手伝いをした。

竹田　「しますよ」って言ってくれたんですよね。

田中　そうだった、そうだった。

竹田　こういうコンセプトが面白いんじゃないかってのが、参加者からいっぱい出て。それを実現するってときに、手間がかかるというか、短期の中では実現できなくて、そしたら中村さんが裏方に回ってサポートするっていうのを、自分から言ってくださって。そのときが運の尽きだったのかな、余計なとこに関わり始めちゃったっていう（笑）。

中村 でも僕が意外だったのは、竹田さんはどっちかというと御本尊タイプで、文学を中心にとらえたい人だと思ってたんで、デザインみたいな外側のポストに、あんまり興味がないんじゃないかと思ってて。で、僕はそういうちょっとした関わり方でしたけれども、それをお披露目《ひろめ》する会というか、本屋入門の皆さんのアイデアを実際に形にしてみるってなったあとで、すごい反応をしてくれたんですね。なんか「ようやく分かった」みたいな。「デザインが足りなかったんだ」みたいな。めっちゃ反応してくれたんですよ。

田中 僕も思ってた（笑）。

中村 なんていうんですかね、目から鱗《うろこ》的な。

松井 それまでは離れてたんだね。本屋とデザインっていうのが。

竹田 今って、デザイナーさんが本屋やるのも増えてるし、本屋を始めるときに必ずデザイナーさんとかイラストレーターさんとかに頼んで、お店のイメージをつくっていくっていうのは結構主流になってるんですけど。当時は一般書店と街の本屋ぐらいしかなくて、僕とかは遊びみたいなお店だし、小屋ＢＯＯＫＳもどちらかというとお祭り的なイメージで。

松井 僕も自分で黒板に「本」とか描いてたし。看板ね。

竹田 木で作るみたいな味の出し方はあるし、白山時代のウチみたいなガレージで手作り感を出すみたいなのもある。あと、チェーン店の紀《き》伊國屋《のくにや》とかも、最終的なデザインはできてるんですけど、本格的に、空間、ブランディングみたいなものについて、そこで衝撃を受けたのはあります。

中村 やっぱり手作り感とかも、たくさんの本屋さんが、そういうのは「浮ついてる」みたいな感じをもってて。

田中　たぶん、部室みたいな（笑）。

中村　「怖い」って言ってるところも、そんなところなんじゃないかなあと。

田中　ライオン堂のラインアップだけ見て、「六十ぐらいの人がやってる」とかって（笑）。

松井　なんていうのかな、なんか頑固な古本屋みたいな雰囲気《ふんいき》が竹田君にあったから……。

中村　それは分かる、「なめんな」的な感じがすごくあった。だからライオン堂そのものじゃなくて、本屋入門は1回限りの企画のお祭りだから、僕はそこでちょっと浮ついても怒られないんじゃないかと。

田中　と思ったら、すごく受けたと。

中村　竹田さんは御本尊だったので、まさか御本尊が動いてくれるとは思わなかったので。

竹田　ていうか、天《あめ》の岩戸《いわと》が開いたみたいな。

田中　天照大御神《あまてらすおおみかみ》。

竹田　中村さんが踊ってくれたから（笑）。

松井　実際に中村さんがやってくれたのは、例えばどういうもの？

竹田　本屋入門の実践編で、「ジャンク堂」っていうタイトルで、10人ぐらいの人がコンセプトを出して、「お金をかけない」「知恵を絞《しぼ》る」という範囲でやりましょうと。

田中　実際に本屋をちょっとやってみるってことだね。

竹田　コンセプト重視の本屋をやるってことで、目線を移動するために、おもちゃの電車に本の表紙を載せてお店の中を走らせるアイデアとか。作家が目の前で小説を書いて、それをモニターにリアルタイムで映してみんなで体感するとか。そういうのの説明パネルやチラシをつくってもらいました。

中村　あといろんな本屋さんに選書してもらった本に、特製のカバーを巻いたり、「ジャンク堂」

の看板もつくりました。

竹田 ほんと、反応がよかった。おしゃれだねえ、みたいな。取材も来たし。コンセプトだけではあの盛り上がりはなくて、デザインの力って大事だなって。

田中 中村さんがいてくれて、よかった。

竹田 ほんと、そう。中村さんが受講してくれてよかった。そうじゃなかったら、赤坂移転もなかったでしょうね。たぶんライオン堂は、田中君がいなかったら半年ぐらいで終わってたんですよ（笑）。で、松井さんがいなかったら、これほど自由にはやれてなかったと思うんですよ。他にも和氣さんもそうだし。出会いの運に支えられてますね。

100年続く店だから、みんな突っ込む

竹田 白山店が終わるから本屋入門をやり始めたので、中村さんとは2014年の末ぐらいにお会いして。それから数か月、講座と実践編を含めて、ずっと連絡し合ったり意見を重ねてきた感じですね。

田中 僕はほんとに本屋興味ないから、本屋入門もなんかやってるなーぐらいで。

竹田 ああ店長楽しそう、勝手にやればみたいな（笑）。

中村 当時の田中さんは結構怖かったですねー。

一堂 （笑）

中村 田中さんはね、本屋入門を、そんなによく思ってない。

田中 基本的に、チャラいと思ったんです（笑）。

中村 ライオン堂のブレーンが、ちょっと怖いっていう。

田中 僕ともう1人、とものりさんっていう共通の友達がいて、とものりさんは鬼コーチのような人だから、ここに来ると竹田さんにね、おまえはそのままだとダメだ、マジで地獄に落

ちるよと言ってるから、僕はアメとムチ的な関係でいうと、大丈夫ですよって言ってるキャラで。でも、とものりさんが忙しくなってきたから、僕はアメとムチ両方の役割を、と。そういう感じです。

竹田 中村さんが「田中さんは本屋入門を〜」って言いましたけど。実際は、遠方からの講師のギャラを少し肩代わりしてくれてましたけどね。まあ、とにかく白山店の頃は、毎日みんなに怒られてたのは覚えています（笑）。代わる代わる怒られていました。でも、友達がいろいろ本気でライオン堂のことを考えてくれるというのは、こんなに嬉しいことはないので。それに田中君と友達だけじゃないですから、ほかに会社の同僚だったり、学生の頃の友達とかも来ては、もっとこうしたほうがいいよと。たぶん、そういうところが他になかったんですね、よくいえば本屋で不満をもっているところを全部、僕にぶつけてきた（笑）。なかなか言えないですよ、街の本屋に行っても。それで僕に、いろいろとアドバイスしてくれてましたね。うるせいな！ってときもありましたよ（笑）。分かってるけど全部はできないよ！ 的な。いまだに言われますもんね。「在庫多過ぎない？」とか。ありがたいです。

田中 ライオン堂も、最初、本棚すかすかだったじゃない。

竹田 一番最初は、すかすかでした。

田中 だから、見てて未完成感があったんだろうね、ここ空いてるんなら、とか。完成してない感じがしたから、それこそCat's《キャッツ》 Meow《ミャウ》 Books《ブックス》（猫店員のいる猫本だらけの本屋）とかって完成してる。文句のつけようがない。

竹田 何も言わずに、黙って帰っちゃうってことだよね。でも、本当に初対面の人にも言われましたもんね。田中君みたいには言わないんだけど、でもやっぱり。こうしたら面白いですよって。

松井　竹田君が話しやすいのと、この本屋はなんか「もうちょっと言ってあげたほうがいい」みたいな余地が、その空間にあったのかも。

竹田　僕が新書を出すなら『怒られ力』ですよ（笑）。

中村　竹田さんは、そうですね、もったいないよみたいなイメージはありますよね。

田中　魅力はあるんだから……、みたいな。人柄だよ、人柄。分かった。店長最初からさ、100年やるって言ってるじゃん、だからじゃん。

一堂　ああ〜。

田中　つまり、この人は店を閉められないんだ、みたいな。100年やるんだったら、例えば自分の家を建てるんだったらその人の自由だけど、ここに城を建てますって言ったらさ、城だったらしゃちほこでしょみたいな。だから、100年ですって言ったことがよかったんじゃない？　そういうコミュニケーション的な意味では。

竹田　まあ、汲んでもらえたのかもしれないね。あとは、本屋のためだったらなんでもしますって言ったから一番最初に。

田中　そうそう。あ、マジなんだ、マジで死ぬまでやるんだ。100年やるっていったら、もうその人だけのものじゃないって感じがある。

竹田　うん、じゃあ、いいまとめってことで。

第2部 『しししし』の過去と未来

文芸誌ではなく、本屋みたいな本

田中 店長は文学がすごい好きで、文芸誌をめちゃくちゃ読んでたんですよ、学生の頃から毎日。ずっと文芸誌が好きだったから、現代文学に関することを何かやりたいと思ったときに、自分でも文芸誌を出したいと。もっと言えば、本屋さんが出す文芸誌ってものに、自分がとかじゃなくて、そういうのは夢があるんじゃないかとか言ってスタートしたのが『草獅子《そうし》』だった。で、店長と僕の2人でディスカッションして企画を決めたんですよね。それで、編集については知識や技術が全くないから、知り合いの編集者の力を借りてつくった。

竹田 『草獅子』が出たのが、2016年11月。

田中 それから、もっと読者やお客さんに近い本をつくりたいと思って、店長と僕だけじゃなく、編集部に松井さんが新たに加わった。中村さんは『草獅子』の頃からデザインを担当してくれてて。店長がやるなら、引き続きやりますと、また入ってもらった。新体制で、『しししし』にリニューアルして1号が出たのが、2017年11月と。

中村 ちなみに、表紙の装画はなぜ大槻香奈《おおつきかな》さんに？

田中 僕が、大槻さんの絵が好きだからです。

竹田 僕は全く美術に疎《うと》い。中村さんにデザインの力でまとめてもらおうと考えてたのを、田中君は、現代美術を取り入れたらいいんじゃないですかって紹介してくれたのが大槻さんだった。で、恐る恐るお願いしたらOKが出ちゃった。

田中　大槻さんの絵が表紙になったのは、本当に嬉しかったですよね。

竹田　すごく気さくな方で、その後、ライオン堂に本人が「宜しくお願いします」みたいな感じでやってきてくれて。

田中　大槻さんがここでイベントやってくれたりとか、展示もやったしね。いろいろよくしてくれてね。

中村　いいですね、媒体があってつながるものって、面白いですよね。

竹田　まあ、いろいろな人の意見で、『しししし』にこういうの入れたらとかっていうのがあって。松井さんと話をして、本屋の日記（本屋日録）を入れたみたいに、本屋に関する公募エッセイとかも、お客さんが「そういうのいいんじゃない？」とか言って。

田中　だからさ、『しししし』に変わったときに一番変わったのはそこだよね、本屋の雑誌っていうこと。『草獅子』では文芸誌をつくろうとしてたんだけど、『しししし』は本屋がつくる本で、プラットフォームとしては文芸誌、というものに変わったってことだね。で、実際なんで変わったのかというと、松井さんが入ってくれたりとか、『草獅子』を読んでくれた人のアドバイスとかで、新しくリニューアルできたよというのが。

竹田　話がまとまりました（笑）。

中村　でも、もともとね、いろんな作家の選書を並べるっていうライオン堂のコンセプト自体が、雑誌の構造に近いですよね。

松井　読者の声が入ってるのが、『しししし』のいいところって言うか、特徴だと思ってて。本屋として一冊に、著者からお客さんまで入ってるから、たぶん急に本屋っぽくなっているというか。『草獅子』が文芸誌だとすれば、『しししし』はもはや本屋みたいな本、だと思うんだよね。

中村さんと一緒に本をつくりたかった

中村 やっぱり、『しししし』は「雑誌ですよ」っていうのが、すごい表紙に出てますよね。

田中 なんで中村さんに装丁《そうてぃ》（表紙のデザイン）もお願いしたのか。中村さんが天才だからですよ。

竹田 出会いのタイミングっていうのもありますけど、最適解が一番最初に出ちゃった感じですよね、中村さんと出会ったときに。あと、中村さんの文字愛というか、上辺《うわべ》だけのデザインがすごい好きって人じゃなくて、本当にコンセプトとか中身とか、書物の中身もすごい好きだし、本をつくるときの紙とかにもこだわりがある人だっていうのは、お店のロゴをつくるときにも、一緒に書いて話した内容もまとめて落とし込んでくれたんですね。そういうのがあったんで。

中村 ロゴは、そうですね。

竹田 なんか、笑ってるとかいろいろありましたよね。

中村 鼻があって、笑って、ライオンぽくて。

竹田 あと、手で書けるとか。

中村 手で書けるが大きかったですね。

竹田 僕はどこかでサインを書けるようにしたいとか、いろいろ話をまとめて。

田中 中村さんの、能力が高くてお願いしたってのもあるけど、それ以前にさ、中村さんと一緒にできるものをつくろう、ってことだったよね。一番最初に、文芸誌をつくるってなったときに。誰がいるかなって思って、お客さんの声としては僕が入っているし、だから中村さんと一緒にできるものは何かなって考えて。

竹田 だから、中村さんと出会って、何か本をつくろうと思ったのもある。

松井さんが「翻訳」をしてくれたおかげ

田中　そろそろ、松井さんに編集作業中の話とか軽くしてもらったら？　『しししし』自体の。

竹田　あいつ分かってねえなみたいな（笑）。

松井　『しししし』に関しては、もう完全に田中君と竹田君のやりたい企画と、それに応えてくれた人の原稿をちゃんと載せて構成するっていうところが、最大のポイントなわけじゃないですか。方向付けするだけっていうか。特に『しししし』の1号に関しては、たぶん僕が呼ばれたときにだいたい企画が決まってて。こういうふうにつくってこういうふうに出したいんだけど、っていう感じで。

双子のライオン堂のロゴ

『しししし』のロゴ

竹田　どうしたらいいか、みたいな（笑）。

松井　あ、えーっと、じゃあスケジュールに落とし込むと、原稿がこのへんにもらえて、校正は何回出すかな、みたいな話をしたところがスタートだったんで、どちらかというとそのあたりを僕が見てるみたいな感じが、特に1号は。

中村　あーでも、プロフェッショナル感というか、軌道《きどう》が見えてる感は、全然変わりましたね。

竹田　っていうか、僕と中村さんの間の「翻訳」がうまくできてなくて。

松井　当時むちゃくちゃ混乱してたからね。

田中　素人《しろうと》の僕がなんで整理役で入ったの、っていうのがそこで浮き彫りに。

松井　田中君は、コンセプトとか全体バランスの整理がすごくうまいから。

竹田　でも、僕たちは工程が分からないから。

松井　そっちを僕がやることになって。

田中　自分が言わないとまずいぞ、ってことに気づいたわけですね。

竹田　僕もそのとき初めて松井さんから教わって、印刷の前に必要な工程とか、著者に出すゲラの指摘の入れ方とかを、怒られるみたいな。「全部を赤で書いちゃダメだよ」とか。

松井　僕が1号で一番大変だったのは、原稿は来てて、で、赤字も直せる、だけど竹田君と中村さんの間の翻訳ができていなかった。どういうフォーマットで、どういう原稿を渡せばいいのか、お互いの情報出しとイメージが全然マッチングされてなくて。

田中　アーティストタイプとアーティストタイプみたいな。

松井　基本的に翻訳ができてないだけなんですよ。中村さんは中村さんで、分からないから「こうですか」って仮デザイン出して聞くんだけど、竹田君は「全部違う」と（笑）。

竹田　僕は、デザイナーさんとの付き合いって、小《お》川純《がわじゅん》さんっていう良き兄貴的な人と中村さんしかいなくて。小川さんとは、ライオン堂発行で西島大介《にしじまだいすけ》さんの『アオザイ通信完全版』をつくったんですけど、そのときは、僕が何も知らないのを分かってるから、ざっくりしたイメージを伝えたら、全部バシッと固めてくれたんですよ。中村さんは、僕が特に指定できないことを知らず、それを待ってくれちゃってて。それで最初はすれ違っちゃって、2人で待ってる状態。

田中　そこに天才・松井が現れたと。

竹田　松井さんに関わってもらって、分かったぞー
　みたいな。

松井　基本的に細かいところだよね、関わってるの
　は。スケジュールとか、あとはもう、僕は全
　然編集を誰かに習ってやったこともないし、
　本職でやったこともないし、ライティングも
　勝手にやってるだけなんだけど、それでも
　『ＨＡＢ』（「人」と「本屋」のインタビュー
　誌として２０１４年に創刊号を発行した雑誌）
　をつくって、本１冊自分でライティングした
　りとか、ＤＴＰをやったりとかしてるので、
　単純にこの状態のこの原稿をこう渡したらま
　ずいでしょっていうのを、直したりとか。ま
　あ、２号は企画会議から入って、アイデア出
　しとかもしたんですけど、大枠は田中君と竹
　田君の２人で。

田中　僕は企画会議までしかいなかった、あの頃メ
　ンタルが死んでたから。

松井　で、原稿の校正とか、まあライティング系の
　原稿があったら僕がつくったりだとか、文字
　起こしとか。僕のほうでやったというか、ね。

絶妙なバランスの中で

中村　いい感じで状況が整理されてきたところで、
　未来、今後については。

竹田　『しししし』で今一番大きい問題は、新人作
　家の作品がないってことなんです。自覚して
　て。新人を推すぞ、発掘するのが文芸誌の本
　来あるべき仕事だって宣言したんだけど、生
　まれたばかりの文芸誌にそんなことはできな
　い。当初の予定で言えば、３号ぐらいかけて
　『しししし』自体のブランド・知名度というか、
　最低でも１５００部はけますとか、ある程度
　数字で作家さんにも伝わる力を蓄《たくわ》えるみたい
　な作戦は自分の中にあって、次の３号は、実

質4号目なので、もうちょっと新人の人の作品とか、無名の人の作品とかを入れられれば面白いんじゃないかなと考えてはいます。

松井 僕は、すぐ無名の人を呼びたがるので、『しししし』2号の企画で「もうちょっと作品を出してない人のほうがよくない?」っていうことを言ったときに、竹田君が今の話をしてくれて。まあ、それはそのとおりだなって思って。呼ぶ人も、田中君と竹田君の2人にやってもらってるって感じはあって、そのへんが絶妙のバランスかもしれないですね『しししし』の。同人誌ではないけど、文芸誌でもないバランスっていうのは、たぶん今の感覚でつくってるから、成り立ってるものだと思いますね。僕が全部やっちゃうと、絶対、同人誌みたいな作品になっちゃって、それに面白味を感じてしまう。

田中 僕には、店長が「大衆に受け入れられないんじゃないか」と思って遠慮していることをやらせる、ってことしか役割がないんですね。つまり、2号の表紙タイトルデザインを、迷ってたんですよ店長が。デザインはいいけど読みにくいかもしれないって。もっと読みやすい形にしたほうがいいんじゃないかと。でも、僕は「これがかっこいいと思います」って言ったんです。かっこいいほうをやったほうが絶対いいですよ、だっていつ死ぬか分かんないんですよ、だったらかっこいいもの残しましょうよっていうふうに言ったりとかしてたんですけど。だから店長が、自分の個性を出す場所になるっていうことが、一番大事だと思います。なぜなら、『しししし』の既存の文芸誌にない価値は、2つしかなくて、企画が独創的か、それとも店長が面白いかしかないんです。どんなにすごい作家の新作が載ったりしてても、それを超える新作は普通の文芸誌とかに載るわけじゃないですか。そしたらその役割は僕たちがやる必要はない、すでにあるからね、そういう媒体は。そう考えると、本屋日録とか、読者のコラムとか読書会の書き起こしとか、本屋イベントの書き起こしみたいな企画を増やしたり、店長が一番かっこいいと思う人の作品を載せたりするのが、今後、文芸誌として目立つところかなと思います。でも、店長自身はそういう抑制が利いてて、「これ行き過ぎなんじゃないか」っていうのがあるからこそ、僕が押したほうがいい。バランス主義だからね。

竹田　炎上しないところとかね。

田中　だから多少、炎上したほうがいいんだけど。

中村　田中さんが言いたいこと言って、店長が心配する。

一堂　（笑）

松井　この中で一番、心配してる。

田中　かと言えば、なんにも相談しないで、でかいやばい——

竹田　急にわけわかんないこと始める。

田中　どっちなんだよみたいな（笑）。

竹田　中村さんは、今後デザイナーとして何か。

中村　もうちょっとやっぱり、雑誌感はあってもい

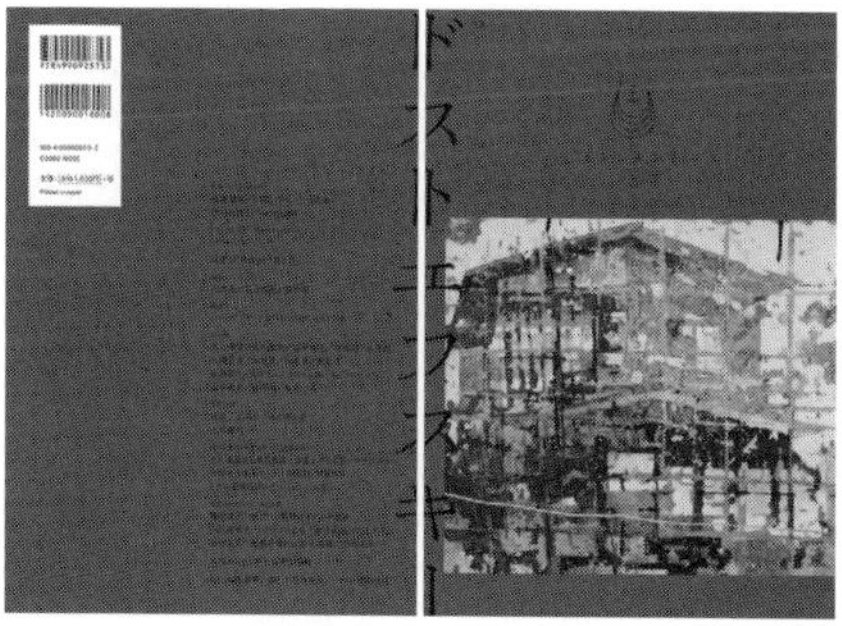

『しししし』２号の表紙タイトルデザインは、表と裏で「ドストエフスキー」の名前を縦に分けて入れた

いかなっていうのはあって。『しししし』の1号は平面に近かったのが、2号でだんだんでこぼこができてきて、このでこぼこをもうちょっと出していけたらいいかなあと。

田中 確かに、それが雑誌ですよね。単行本と雑誌の違いですよね。

中村 そうですね、そのへんが他の文芸誌ができないことをやってるというか、本屋日録だったりオリジナルの企画はこういうところでしかできない。ここでしか読めないものを知ってる人のシェアをつくっていってる、それをできるのはやっぱり、インデペンデントなものだからだと思うんですね。そこらへんをどこまで掘り下げられるかが。

竹田 勝負。

中村 それは絶対、期待されてるところだと思うんですね。

（後編へ続く）

第4章

この場所に集まる人たちと

この章では、第3章までとは趣《おもむき》を変えて、双子のライオン堂という本屋の中で、ぼくがお客様とどのように接しているか、どんなことを考えているのかを、筆の進むままにつづっていきたいと思います。

1 お客様と話すこと

小さな声で話すのが苦手だから

普通、本屋で書店員のほうからお客様に話しかけることはありません。

ライオン堂でも、積極的に話しかけることはありません（「いらっしゃいませ」と「荷物を置いてくださいね」という声かけはしています）。

ただ、ふと今日何したっけな、と振り返ると、お客様と話してただけだったな、という日も少なくないのです。自分でも、なんで本屋なのにこんなに話してばかりいるんだろうと思うことがあります。

ここでは自己分析的に、考えてみたいと思います。

勘違いされてしまうといけないので、最初に言っておくと、大前提として、話すことを強要はしていません。

当たり前ですがライオン堂も本屋なので、お客様には本棚と、本と向き合って、自分が読みたいと感じる本を選んでほしいと思っています。ただし、お客様に静かでいることも強要するつもりもないのです。それはぼくがおしゃべりであることや、地声が大きいということに関係するのかもしれません。

昔から、何かしらの緊張感のある空間で、小声での会話を強いられることが苦手でした。滑舌《かつぜつ》があまり良くなく、小さい声を出すとだいたい相手に「ん？」と首を捻られるし、同時に耳も良くないので小声だと聞き取りにくく、聞き返してしまいます。そのため自分は小さな声で話しているつもりでも、声が大きく、昔からよく怒られたりしていました。どうも小声で話すのが苦手です。

一人で向き合う時間と、みんなで思いを共有する時間

小学生のときにカナダへ旅行に行って、現地で入った美術館では、同世代の子どもたちが騒いで楽しんでいました。それを見て、すごくうらやましかったのを覚えています。要するに、静かにしていることが苦手なのです。

最近、日本でもおしゃべりOKな美術館が増えているようです。その多くが子ども連れの来館者を想定していて、いいなと思っています。

ぼくは、昔から美術館とか博物館には、友人と行きづらいと思っていました。芸術作品には、一人でじっくり向き合うことが大事です。でも、それだけが良いわけではない。作品を目の前にして、その場で感じたことをワイワイ素直《すなお》に話し合うことも、大事だと思います。

創作とか芸術という活動は、どこか孤独との戦いというのが、一つの大事なキーワードのような気がしますが、受け手もそうである必要はないと思うのです。

だからぼくはライオン堂では、みんなでワイワイする瞬間があってもいいなと思っています。

友達や家族で来てもらって、バラバラに違う棚を見るのもよし、時には面白い本を発見したら共有するもよし、そういう空間になることを望みます。もちろん、ぼくに相談したり、逆にぼくが相談させてもらったりすることもあるでしょう。

全く関わりのない人も同じ場所にいるので、過剰に騒ぐのとは違います。ありがたいことに今のところ、悪意のある騒がしさというものは、お店の中にはないです。

お客様同士がつながる化学反応

店舗の狭さもありますが、店内でお客様同士のコミュニケーションが起きることも多いです。例えば「店長、○○についての本ってありますか?」とぼくに聞いたお客様がいて、いろいろ考えている間に別のお客様が「この本なんかどうです?」みたいに提案してくれることは少なくありません。

ぼくもなるべく多くの本、広い範囲の本を読むようにしているけど、そりゃ限界があります。もともとライオン堂は、そういう限界を見越して、各分野の第一人者が選んだ本を並べた選書専門店をやっているわけです。ある分野では、お客様のほうが詳しいということは多々あります。

そこからお客様同士で本の進め合いなんかが始まると、お店としてはありがたいわけです。そのお客様たちの会話を聞いて、ぼくも勉強できるし。

もちろん、ぼくのお薦めを聞きたかったのに、別の人が答えるのはどうか、という考えもあるかもしれません。でもぼくは、お客様も含めてライオン堂という本屋だと考えているので、それも広義でいう、ライオン堂のお薦めなのです。

答えは出なくても、真剣に耳を傾《かたむ》ける

積極的に話しかけることはしないようにしていますが、お客様からよく話しかけられます。ぼくが、おしゃべりっぽいので、話しかけてくれるお客様が多いのかもしれません。とてもありがたいです（会計で計算しているときだけは、話しかけられるのが、つらいです(笑))。

話の内容はものすごく幅が広くて、「お店を開きたいけど、どうしたらいいか」「会社を辞めたい、転職したい」「最近読んだ面白い本」「好きな本屋」「本の企画」「イベントの企画」など。

やっぱり本に関することが多いですが、「面白かったゲームの話」や「仕事の愚痴《ぐち》」や「就活や卒論の不安」なんてのもあります。

みなさん、答えを求めているわけではないと思うし、ぼくも明確な答えはもっていません。できるのは本を薦めたり、逆に、たまには読書をやめて遊んでみたらとか提案したりすること。たわいもない会話から始まって、そこで仲良くなって、あとあとイベントを一緒にやったりすることがあります。

2 常連さんと悩める人たち

ぼく自身が一番悩んでいる

悩める人たちというか、ぼく自身がそうなので、常連さんとは相互フォローしている感じです。読書会では、まさにそういう話になることも多いです。

ある本を課題にして読んできて感想を話すのですが、最初は本の話をみんなでするのに、だんだん解釈が込み入ってくると自分がどうしてそういうふうに読んだのか、という話になります。そうすると、ちょっとずつ「個」が現れてきます。その現れ方は会によって、本によって異なります。

でもこれは、自分語りとも違います。この本をこう読んだのは、こんなことが自分に起こったから。そういう話を聞くと、本の深さをより感じられるようになります。

参加者につられて、ついついぼくも自分ごとを話してしまうことがあって（ぼくが一番自分語りをしていることも）、これはあまりよくないのですが、みなさん話を聞いてくれます。会が終わったあと、ぼくなんか抜きに、参加者同士で話し合ったりしていて、それは店主としてはとても嬉しい場面です。あと、ぼくの相談内容をそのまま引き継いで、延長で作戦会議になることも。いろんな人が意見をくれて、助けてくれます。

今でも覚えていることがあります。

ちょっと大きなトラブルが起こったときのこと。ちょうどイベントスペースで読書会が開かれていて、ぼくはかかってきた電話に出て部屋を離れた。なかなか戻らないぼくに常連さんが様子を見に来て、異変に気づき、助け舟を出してくれた。

そしてその日は、なんでか分からないけれど、たくさんのお客様が集まってきて、そのままぼくを慰める会が始まった。いろんな人と話しているうちに、パニックは収まり、なんとかお店を閉めて帰ることができた。

今思い出してみても、不思議な日でした。かなり久しぶりな、白山《はくさん》時代に来てくれていて、最近はあまりいらしてなかった人たちも、その場に集まってくれていました。

その後も困ったことがあると、彼らはいつもそばにいてくれています。

3 店番のひとりごと

思いついたら、その場で動く

常にやらないといけないこと、やりたいことが多くて、改まってみると、お店の中で自分は何を考えているんだろうと思えてきます。

ひとつ言えることは、いつでもどこでも、本屋をどうしたら良くできるか、面白くできるかを考えている、ということです。

暇なときはあまりないのです。お店にお客様がいないときは、抱えている仕事、いわゆるライスワーク的なものや、本屋に関しての企画の諸々《もろもろ》などに取り組んでいることが多いです。

そういうときに、アイデアが思いつく場合もあります。そんなときは一旦仕事の手を止めて、メモしたり実際に作ったり、動けることがあれば動きます。人に聞いてみることや、ルールなど確認すること、一緒にやってくれそうな人（だいたいは、この本の座談会にも出てくる松井祐輔さん）に連絡をしてみます。手を動かすことも大事なので、お店にはちょっとした工作グッズや木片や大工道具を置いています。それで実際に形にしてみたり、素案を考えたりします。

忙しいときもアイデアは常に考えていて、というか忙しいときこそ、いいアイデアが生まれてきたりします。そういうとき、メモができなかったりして、覚えておこうとするんだけど、なかなかあとから思い出すことができません。なので、その場で動くのがいい。けど、忙しいとそれもできない。それでも忙しいときこそアイデアが浮かんできて、あとで振り返ってみようとすると、やっぱり思い出せないのです（出口のないループ）。

理想は「読書をしている店主」

とにかく、お店にいるときは、本屋について、本について考えています。いや、それ以外でもずっと、本屋に置き換えてあれはできないか、これはできないか、を考えています。

お店にいるときは、どうしても接客かライスワーク的な仕事のどちらかをしてしまうのですけど、理想は本を読んでいたい。お店にお客様が入ってきて、スマホやパソコンを店主がいじっていたら、ちょっと違うなと本当は思うから。

でも現実には、ぼくはほぼ何かしらの仕事をするために、スマホやパソコンで作業をしています(たまに疲れて寝てますけど)。でも理想は「読書をしている店主」です。あとは、何かノートとかに書いている姿。何をするのでも、そういったリアルで、地に足をつけている作業をしていたい。本屋の店主である時間ぐらいは、率先《そっせん》してそういうふうでいたいなと思います。

『しししし』について考えること

お店で考えている大切なことと言えば、1年に1回刊行するライオン堂発の文芸誌『しししし』について。常にどんな企画がいいか、どんな書き手にお願いできるか、妄想しています。この妄想が非常に大事で、計画の段階でいかに、自分にリミッターをかけないか。ついつい「これは無理」とか思っちゃうけど、そうではなくて、自分を解放する。

やってみるまでは、どんな大御所《おおごしょ》や無理そうな人、つてのない人でも、依頼の一歩手前まではできます。そして実際に動いてみて、あーダメだったとか結果が出る。これが大事だと3回編集して知りました。

一方で最近は、「依頼する暴力性」みたいなことも考えていて、そういうことを気にしだすと、一歩目が非常に重たくなってしまいます。なるべくそれを意識しないように、でもちゃんと無節操《むせっそう》にはならずに、そのバランスを大事にしています。うまくできているかは、分からないけど。

『しししし』は、あえて、安易《あんい》に時勢に乗ることはしないようにしています。いや、あえてというか、できないのです。時間の流れが止まったぐらいの感じ、湖みたいな感じが理想です。海でも川でもなくて、綺麗《きれい》で淀《よど》んではいないけど、川のように流れがあるわけでも、海みたいにどんと構えているわけでもなくて、程よく水面が揺れている感じが理想です。そんな紙面にするには、どうしたらいいか。

ただ、時勢を気にしないようにはしているけど、一方で、ある種のまとめはしたいと思う気持ちはあります。世間では忘れられてしまった議論や、とても好ましい文学的な活動をしているのに、あまり取り上げられることがなかったりする、そういったものへの目配りみたいなものはあります（最近のキーワードは、「脱元年《だつがんねん》」です。いろんな議論がスタートしては何度も「元年」を繰り返している状態をなんとかできないか。例えば「電子書籍元年」など）。

どの立場から言っているのか、というところはあるかもしれないですが、「ぼくだけは、あのことを忘れていない！」みたいな感じでいます。積み上げていきたい。それが本屋の役目でもあるのではと考えています。

湧き出るアイデアのように、カオス状態になったギャラリー兼イベントスペース

4 イベントの日

読書のハードルを上げない読書会

ライオン堂には、何種類かのイベントがあります。

他の本屋さんでもやっている一般的なもの——読書会、作家のトークショー、発売記念イベントと、他の本屋さんではあまりやらないであろうもの——ワインやウイスキーの入門セミナー、クイズ会、架空イベント（架空同窓会・架空読書会）、などがあります。

そんなイベントのときに、ぼくは何を思っているか。

例えば読書会は、主宰している自分でも本を読むのがまず大変です。ぼくは普段10冊くらいの本を並行して読んでいて、6冊くらいを読み終えて、2冊くらいを倍くらいかけて読んで、2冊は積《つ》ん読《どく》に戻すという、こんな割合の読書方法をしています。なにぶん飽きやすい性格なので、仕方ありません。

あと、スケジュール管理も苦手なので、期限に合わせて読み終わらせるのがしんどい。予定を決めたときは、イベントの一週間前に一度読み終えて、本番までにもう一度読み直すぞ、と決めるのですが、なかなかうまくいきません。結果的に、ギリギリに読み終わり、気持ちの整理もできないまま読書会に臨《のぞ》むことになります。

最初の頃は、反省の毎日でした。それでもイベント中は、基本的にはホストなので、みんなが満遍《まんべん》なく喋《しゃべ》れているか気にしつつ、司会は田中君がやってくれるので、ぼくがしていることといえば、盛り上がりが弱いコメントを広げること。

と言いつつ、自分が話したいことを話し出すだけで、あとで冷静になってハッとして、それも反省する日々です。それでも続けていくうちに読書会は楽しくなってきて、今では年に60回以上やっています（イベントは１００回くらい）。読書会がない週末が来ると物足りない体になってしまっています。

そして、読書会に慣れてきて、ついつい読書のハードルを軽く考えてしまう瞬間もあります。でも、予定までに読み終えられない自分のような人や、読書自体にハードルを感じる人もいて、せっかくならそういう人にも、そのハードルをちょっとの努力で超えてもらえたらいいなと思っています。

だから、自分自身の最初の頃の感覚を忘れないように、常々読書のハードルは上げないようにしようと心に決めています。ライオン堂の読書会の案内文では、読了と規定を入れていますが、読了の定義はそれぞれに任せているというふうに。

実際に読書会に来てくれた人たちにはもっと詳しく、「手に取るだけでも自分が読了と思えば読了なんだ」と、話すこともあります。今回は全部読めたけど、次回は読めるか分からないという人もいるので、なるべく連続して来てほしい。

もちろん、お店の読書会の雰囲気《ふんいき》が合わない場合は仕方がありません。けれど、継続すると読書のハードルが低くなって、読む力もついてきます。

読書会までに考えていること・当日に考えていること

まず、企画段階。一番は自分たちが楽しむこと、自分たちの興味関心に沿っていること。流行《はや》っているから、人気があるジャンルだからやるというのは基本的になし。

もちろん、何度か流行りに乗ってみたことはあります。けれど、そういうときはあまりうまくいきません。淡々としっかり、やりたいことをやるようにしています。あとは、お客様との話の中で企画が生まれることが多いので、ぼくはそれをどうやれば実現できるのかを考えたり、お客様が楽しめるかを考えたりします。

次に、当日まで。課題本があれば、しっかりと読み込みます。周辺の情報も、参考となる本にあたったり、それが難しければネットでも調べておさえたりしておきます。どんな話ができるか、想定できることは想定しておきますが、ギリギリまで課題本を読み切れないときもあります……。

当日は、お客様が楽しんでいるかが、とにかく気になります。気になっているだけで、すぐに対処できる場合もあれば、そうじゃない場合も多いです。これは「場」の話なので、毎度変わりますし、コントロールはできません。なるべくみんなが不快な思いをしないように最低限のフォローはしつつ、より楽しんでもらえるように考えてはいます。

司会をすることはあまりないので、そういう意味では少し離れたところで、みんなの様子を伺《うかが》えるので、空気感を見守るといえばいいでしょうか。

終わったあとは、ライオン堂の読書会では打ち上げなどはないので、さらりと解散になり、時間がある方は少し残って喋《しゃべ》っている方もいたり、本棚をみてくれる方がいたりという感じ。まだ話し足りない方や疑問点などがある方とは、お話をしたりします。

また、紙でのアンケートはとっていないけど、終わったあとの雑談の際に、読書会の課題本にしたい本のことを伺ったりもします。

心地のいいオーバーヒート

帰宅してからは、一人で反省会。もっとこういう言い方をすれば、感想とかもう少し細かく伝わったかなとか。他の人の読みについて、読み直しをしてなるほど！　とか。んーと頭を捻ったりします。この時間は非常に楽しくて、放っておくとすぐに忘れてしまうので、振り返るようにしています。

読書会のあと、特に複数開催の日の帰り道は、いろんな人の思考で頭の中が埋め尽くされていてオーバーヒート気味になっていますが、それはとても心地のいいオーバーヒート

特別な存在である、サリンジャーの読書会を開いたときの様子

でもあります。ぼーっとしながら、反芻《はんすう》する。その中で、新しいアイデアなどが生まれたりしてくるのです。

幕《まく》間《あい》　いつも「外側」にいる自分④

落ち着きのなさと、身軽さと

短所だと思っていたものが、長所に変えられる

落ち着きがないと、幼稚園や小学生の頃からずっと言われ続けてきた。思いついたら、なんでもやってしまう。だから怪我《けが》もたくさんしたし、友人を巻き込んで怪我させてしまったこともあった。

学校では、よく怒られていた。授業中も、面白いと思ったことをやりたくて仕方がなくて、今思えば独りよがりなことばかりしていて、でもやるしかない状態だった。教室を抜け出して、こっそり遊んでいたこともあったけど、授業中にその好奇心やら積極性やらを発揮して褒められることもあった。

圧倒的に怒られることが多くて、でも、それを評価してくれる人々が、そのつど現れた。その人たちは、ぼくには行動力があると褒めてくれた。親がその最たるもの。たくさん怒る一方で、そんなぼくを諦《あきら》めずに、締めるところは締めて、伸ばすところは伸ばしてくれた。

小学生時代の美術のT先生は、こっそり教室から抜け出して会いに行っても、コーヒーを出して話を聞いてくれた。美術室の講師室は、今でも鮮明に思い出すことができて、それぐらい「たまり場」にしていたのだ。

中学時代に通っていた塾の先生もそう。いまだに付き合いが続いている。なかなか厳しい塾だったけど、落ちこぼれのぼくを見捨てずに、熱心に指導してくれた。見捨てられていたら、ぼくは、大学に入れていなかったかもしれない。それほど影響力があって、そのおかげでぼくはこうして本屋を開けている気がする。

そういう意味では、大学時代は楽しかった。ずっと研究室に通い詰めていた。好奇心旺《おう》盛《せい》でなんにでも手を出すことを、学科の先生たちは温かくサポートしてくれていた。

とにかく行動力だけはあって、ちょっと仕事量が多くなり過ぎると動きが鈍いなと思うこともあるものの、それでもとにかく思いついたらやってみる。トライアル・アンド・エラー、それが全てだ。

双子のライオン堂の読書会

誰のための本屋？
なんのための本屋？

後編

双子のライオン堂って、どんな人が店主を務めているの？　読書会って、なに？　そんな疑問に応えるために、お店に一番関わりの深い4人を集めて、引き続き話をしてもらいました。話は、ライオン堂のこれからについて、さらに本とは何かというところまで、際限なく自由に広がっていきます。

第3部 ライオン堂の今を考える

「次は読書会やりましょうよ」

竹田 ライオン堂は田中君がいなかったら、何も始まってない。読書会が、まずなかったので。

田中 読書会始めたのは、確かにそうですね。

竹田 白山《はくさん》店を開いたあとに、田中君の提案でゲーム会とかやってみたら「人集まるじゃん」ってなって、人集まったら本も売れるじゃないですか、じゃあ次は読書会やりましょうよって感じになって、それでも僕は最初の話のように、やだやだ言ってたんですけど。それは、1つの書店が1つの本を推したら、ライオン堂自体がその作家のファンの店、みたいになっちゃうのが、やだったんですよ。そんなときに田中君が、「じゃあ入門書とかでやったらいいんじゃないですか」とか、いろんな切り口を僕に投げてくれた。それでもやだやだ言ってて、僕が声かけて集まんなかったらどうしようみたいな不安ばっかりある人間なので。だけどそこは田中君が、「2人でやればいいじゃないですか」と。2人でやって、それを公開しましょうっていう、すごい譲歩ですよね（笑）。すっごいカウンセラーみたいな。

田中 最初にやった読書会は確か、祖父江孝男《そふえたかお》さんの『文化人類学入門』（中央公論新社）。

竹田 そういう入門書の読書会をやって、結構来てくれたんですよ、7、8人とか集まって。それでこれが、楽しかったんですね、僕が（笑）。いろんな人としゃべれて、自分のお店でいろんな人が議論しているっていうのが。大学のゼミが大好きだったので、ゼミ室でみんなが議論している感じとだぶって、もともとそういう本屋をやりたかったってことに思い至ったんです。最初は、何もしなくても本屋には人が集まって、議論すると思ってた。でも、本屋ってそういうところじゃないんですよね。それまでにも友達が集まってきて一日中しゃべってるような、雑談の日々はあったんだけど、知ってる人も知らない人も集まって1つのテーマについてじっくりしゃべることはなくて、そういうのが、なんだろうな、知的な遊戯というか、自分の店で行われている喜びが得られて、「田中君、もっとやろうやろう」みたいな感じに（笑）。

一堂　（爆笑）

竹田　で、やろうってなったら、僕が引くぐらい田中君が毎週のようにイベント入れてくれて、そんな本読めないだろ、ちょっと待ってと（笑）。過剰だから田中君も。じゃ、来週これで再来週これで、みたいな。新書なんか2時間で読めるよって。そんな感じで、最初は月に1回ぐらいだったのが、2回3回ってなっていって。

田中　赤坂になってから急に増やしたよね。ちょうどそのとき、僕、1回仕事やめたんですよ。仕事やめて暇だから、ライオン堂行っちゃえみたいな。

松井　赤坂に来て、ここ（イベントスペース）ができたのが大きいよね。

みんなが自由に振る舞う場所

田中　今日の座談会のテーマに「あなたにとってのライオン堂」っていう、お題が出てて――

竹田　読書会する場所（笑）。

松井　僕はもうなんかね、お客さんっていう立場じゃないからね。ライオン堂は別にユーザーとして来てない気がする。でも本も買いに来るし。

竹田　たぶん一番買ってくれてるんじゃないかな。

松井　いや、そんなに買わないよ。確かに普通のお客さんとしても利用してるんですけどね。やっぱり違うというか、うーん、なんか遊びに来る感じ？

中村　……、みんな人の話聞かないですよね。

田中　気がつきました？

中村　あの、『しししし』のイベントで……。

竹田　あれ、やばかったですよね。

田中　あれよかったよ、あれがライオン堂だなあって思いましたよ。

竹田　僕は、ぽかんとしてましたよね。

松井　みんなが好きなときに好きなことをやってた。

竹田　『しししし』1号の発売記念イベントってことでやったんですよね、それは。13人、14人ぐらい来てましたね。初めて来る人とかもそんな感じで、謎ですよね。

田中　3人＋僕司会で、ちょっとしゃべろうかみたいなときに。

竹田　僕たちトークパートは、結局、話すの飛ばしましたよね。まあ……いっか、みたいな感じで。

中村　でも、みんな楽しそうでしたね。

竹田　宮澤賢治の朗読をしたりとかして。

中村　でも確かに、ライオン堂は「しゃべりに来る場所」みたいなところがある。

竹田　そこはもう、白山店からですね、本当にみんなずっとしゃべってますねー。長居する人は長居しますね。逆にしゃべったことはないけど、2時間ずっといる方もいたりする。

中村　なんにもしゃべらないで。

竹田　僕も自分からは、そんなに声かけないから。立ち読みして、3つぐらい本読んで、1つ決めて買ってく感じで定期的に来る人もいますし。だいたい平均1人、1時間ぐらいかなあ。

松井　ライオン堂が健全なのはさ、そういう駄弁《だべ》りに来たお客さんも、なんか1冊買って帰るとかそういうことだよね。

竹田　しゃべった代（笑）。

松井　しゃべって3回来たら、9000円する『核兵器』（多田将《ただまさる》 著／明幸堂）を買ってくれるお客さんがいるという。

一堂　（笑）

松井　それは、コミュニティスペースに本がある、本をコミュニケーションツールにしてます、というのとも違って、ライオン堂はそういう場所じゃない。

田中　あ、そうかも。僕らの読書会もさ、仲良しコミュニティみたいなものに1ミリも興味ないじゃない？　打ち上げもない。飲み会もない。だいたい、主催の人って参加者の人と仲良くなることが多くて、終わったあとに主催の人のところに行って、今日面白かったですありがとうございますみたいなのもあるんですけど、終わったら僕らは、作品の話を2人でし出すから、たぶんそういう人が来ない。

竹田　終わりなのに、我々がさらに延長してますから。

田中　仮に、僕たちに「楽しかったです」って伝えたい人がいても無理に気を遣わないっていうか、読書会は本を読むためにやってるから。だからなんかコミュニティをつくるとか、あんまないよね。

竹田　松井さんにも言われましたよね。我々のいろんな活動において「打ち上げがない」って。確かになあ、と。

田中　普通やるよね。

竹田　『しししし』2号の打ち上げですら、今日このあとにやりますからね。（※発売から、この座談会の時点で4か月ぐらい経っている）

松井　月イチ以上の割合で、イベントとかで竹田君に会ってるんですよ。でも、毎回ご飯食べずに帰って、家で妻に「ご飯いらないと思ったのに」って言われて。

竹田　松井さんは1人が好きってのもあるから、あんまり誘うのもなあって。
松井　家ではいつもライオン堂に行って話すだけで帰ってきて、この人何やってるのかなってずっと思われてる。
田中　食いながらしゃべれよ（笑）。
松井　この前たぶん2年ぶりぐらいに、2人でご飯食べたんだよね。
竹田　そうそうそう。
田中　仲悪いの（笑）。
松井　竹田君に「食べてく?」って訊いたら、「今回は食べてく」って。そもそも想定外みたいな。
中村　まあ、そうなりますよねえ（笑）、うんうん。
松井　そういう感じで、逆に申し訳なかったんですけど。

バッティングセンター読書会

竹田　ライオン堂って、外からはコミュニティって思われることが多いんですけど。でもコミュニティっていうよりも、読書会を開いたり、読書を楽しんだりする延長にあって、その人の読書の時間に帰るみたいな場所であってほしいんですよね。そのままいると本読めないですからね。
中村　まあでも竹田さん言ってましたよね、本を買わせるより本を読ますのが難しいって。
竹田　今は偉そうにしゃべってますけど、最初の頃は読書会を否定してた男が（笑）。いや、みんなが自分のお店で本についてしゃべってる姿が、綺麗《きれい》に言えば本当に、美しかったんですよね。飲み会も楽しいけど、そういうのじゃなくて、かといって学術的に難しいことを言ったり、先輩が知識をマウンティングしたりとかでもなく、フラットに感想を言ってみんなが楽しそうにしてて、終わったあとも「じゃあ次、何読もうかなあ」っていう感覚になるのが、すごいよかったから。それがまさにライオン堂の1つの目的かなって。読書会初めてですって人が、なんでウチに来るのかってのは、不思議なんですけど。いろんな読書会に行って、調査をしたなら分かるじゃないですか。今まで一度も読書会とか行ったことないんですけど、ライオン堂だったら、みたいな人もいて。それはまだちょっとよく分からない不思議なとこですね（笑）。怖がられる一方ね。

中村　まあでも、数をやってるのがいいんじゃないですか。読書会の数が少ないところだと、やっぱり敷居《しきい》も高くなるし。どれかひとつだったら自分も行けるかなとか、思いやすいですよね。

田中　あとは、人との出会い目的じゃないからね。読書会はどうしても、知らない人と出会えますよみたいなニュアンスが、なんとなく出てるじゃないですか、良い悪いじゃなくて、そういう場だから。でも、僕らはさ、知らない人との出会いが楽しいですよみたいなことは、告知で一度も書いたことないしさ。まあ、そんなのマジやだって思ってる、人間こわいからね（笑）。知らない人と友達になるのはこわい、だけど本の話はしたいなって人は、ウチのほうに来るといいですよ。

竹田　今、おしゃれなたとえが浮かんだんですけど。バーに1人でお酒飲みにいく感じで、独り言を言いに来てんだろうなって、でもそういう感じだよね。いや、バッティングセンターみたいな感じなんですよね、野球のチームじゃないんですよ。

田中　ほんとにそう。僕、読書会の司会をいつもやってるけど、たぶん僕の司会の仕方、変なんですよね。それはね、僕が変わってる人間だっていうのもあるかもしれないけど、ここ（ライオン堂）が変わってる。例えば、松井さんが本の感想をしゃべったらみんなよく話を聴いて、次は中村さんの話を聴くみたいな感じで、司会が何もしなくてもそうなると思うんですけど。でも、ここではみんながいっぺんにしゃべるから、僕が1回、間に入るしかない。

一堂　（笑）

田中　はい、ちょっと待ってくださいね、質問しますからね、みたいな感じで。そう切らないと、みんな自分のことしゃべり出すから。

竹田　ただただしゃべりたかったのに、っていう人は、離れちゃったりする。

田中　だから、バッティングセンターに来てる感じなのね、野球じゃなくて。

竹田　そうそうそう、コミュニティの野球サークルじゃないんですよ。バッティングセンターなんです。うちの読書会。もちろん、お互いがお互いを尊重している。ゆるい連帯的な。

田中　ストイックなね。

竹田　そこは、不思議な感じはあるのかもしれない。

実体のないカリスマ的存在

中村　ライオン堂にしかないものって、なんですかね。竹田さんはお店に人が集まるようなことしていなかったから、集まる気もしなかった、そういう人間でもなかったって言いましたけど、そんなイメージなかったんですよ。僕がお店に入ってるときは、イベントもやってましたし。

竹田　イベントの瞬間だけ見てるとね。めんどくさい性格なんですよ。

中村 読書会とか、あとみんなにアドバイスされてる場面とか見てると、竹田さんの求心力がやっぱりあるなあ、と思うんですけど。そこは単純にワンマン的なものじゃなくて、カリスマ・アンノウンみたいな感じで。

一堂 （笑）

田中 何かすごい気はするけど、何がすごいかは分からない（笑）。

中村 あれが僕にとっての、双子のライオン堂なんですよ。ゲンロン＝東浩紀《あずまひろき》さんみたいな、そういう柱になるんじゃないか。

竹田 ほぼ日＝糸井重里《いといしげさと》さんみたいに。で、ライオン堂にはなんかあるけど。

田中 それはなんなんだというのは、分からない。

中村 それはかなり、特殊なものだと思うんですよ、だからみんな真ん中を求めて来るんですけど、真ん中が。

田中 あるんだかないんだか。

中村 もし、そこにいるのが東浩紀さんだったら、たぶんみんなしゃべれない。

田中 東さんに会いたい、東さんの話が聴きたいってなっちゃう。

竹田 僕の話はみんな聴いてない、聴いてくれるやさしい人もいるんだけど、聴いてくれないときが多い（笑）。

中村 だから、こう、なんていうんですかね、「空《くう》」みたいな。

田中 急に仏教用語になる（笑）。

中村 あの感覚は、すごいある。

竹田 ドーナツみたいな、ね。

中村 ああ、そうですね。

松井 ドーナツの穴は、ほんとはあるのかないのか。

竹田 でもなかったらねえ、さみしいから。

中村 なかったらドーナツとは言えない、そうなんです。そう、穴が空いてるからドーナツ。

竹田　別に僕は扉を閉めてるんじゃないけど。みんながこう集まってくると、僕のなかで閉めてく感じがある。

中村　閉めてるって感じも、そんなしないですよね。メディアにもやっぱり出てますし。

竹田　出ないと怒られるから（笑）。

田中　僕らはほら、ラジオ番組を持ちたいって夢があるから、そのためにもメディアには出ないと（笑）。

中村　ああ、もう枠《わく》が欲しいのね。

田中　まあ、深夜2時でもゴールデンでも。

閉じていることに思想がある

田中　中村さんと店長の距離感って、ほかの人とやっぱ違いますよね。

中村　たまにクライアントであり。

竹田　ああ、そうですよね、お願いしてることも多いですし。

中村　僕は、仕事のソースを求めるときに、デザイナーだったらデザイン系の書籍とかが置いてあるところに行ったりするんですけども。でもライオン堂は他とは違うソースがあるので、そういうところを求めて来るというのもありますよね。デザイン的にどうっていうよりかは、作家の先生はどういう感じなんですかみたいな。

竹田　この前そういう相談されて。

中村　こんなこともあるんですよって、感じで。僕みたいな話をしに来たい人も、たぶんいるはずなんです。本っていうのを、今までの本屋と本の関係では満足できない、むしろ別の入口とか見方とかから求めてるところに、ライオン堂には違うものがあるんですよと。

田中　中村さんが一番いいこと言ってる。

竹田　企画の相談をされたときに、僕ができることは、今までやった経験から、背中を押してあげることぐらいなんですけど。要は「2人でやればいいいんだよ」と。僕の中のリトル田中が言いますね。

田中　巻き込めばいいんだよ。

竹田　読書会とかやりたいんですけど、どうやればいいんですかみたいな、いや俺もわかんねえよ、俺も知らなかったよって（笑）。でも「僕も友達に手伝ってもらって始めたんです」「えーライオン堂もそうなんですか」ってやりとりがあって、それから少し経って「やります」って報告が来ると、嬉しい。『ししし』を読んだ人からも、どうやってやるんですかって訊かれたときに、とりあえずやってみるしかない、いつでも相談は受けますよみたいな話もして、で、その人が実際に雑誌つくりましたみたいになると、いい。本屋さんもそうで、自分の経験を伝えて、そのあとに本屋を始めた人たちがいっぱいいますからね。本屋を始めさせることは本当にいいことなのか、悩ましいですけど。

中村　そういう、やりたい人とか興味ある人って、増えました？

竹田　相談件数は増えてると思いますね。僕が真剣になっちゃうから、1時間2時間しゃべっちゃうんですよね、それで、ああ終わったーって思ってたら、次の人が……。それを、田中君とか、ずっと見てくれてるお客さんとかが、「店長としゃべりにみんな来てるから、その人だけに時間を割いちゃうと、それで帰っちゃうって人もいるんじゃないの」とか言ってくれて。

田中　だからそれは、仕事にしたほうがいいんじゃないのって。

竹田　「店長に責任も出てくるし、コンテンツにまとめれば、広がりも逆に出てくると思うんですよね」って。でも僕は逆に、やなわけですよ。お金取れないよ、僕がただ言ってるだけだからと、もじもじしてたんですけど。でもまあやったほうがいいよみたいになって、僕1人でやるのは心許《こころもと》なかったから、和氣《わき》さんにお願いしたりとかして、イベント化してきた感じです。だから、ライオン堂は誰かのものじゃなくて「パブリックドメイン」。

一堂　（笑）

田中　まあ、お客さんのことはあんまり考えず、文学のことしか考えてないよね。

竹田　いや、一番に考えてるよ。お客さんのことしか考えてない。

田中　いやいやいや。そんなに考えてないですよね。

竹田　いや、俺めっちゃ考えてるから。それは心外、っていうか、僕が悪いんでしょうね、そう思われてるのは。

中村　考えてないっていうのは、媚《こ》びてないというか。つまり、不特定多数の人を集めたいと思ったら、いくらでもやりようはあるじゃないですか、まず、お店の扉を空ける。

田中　そうそうそう、それを言いたかったんです。まず、お店の扉、あそこを開けてください。で、虫が入って来ないような透明なビニールをかければ、お客さんの数は1・25倍ぐらいにはなるわけじゃないですか。それを閉めてるってことは、なんかあるわけじゃん、思想がね。それはさ、お客さん第一じゃない、そうだとしたら、とにかくお客さんの数が増えたほうがいいわけじゃない。

竹田　その「お客さん」の範囲は難しいとこだね。

田中　つまり、この世界にいる全てのお客さん第一じゃなくて、こういうお客さんに広げたいとか、こういう人に来てほしいとか。

竹田　確かに、外側に対しては開かれてない感じがあるよね。

田中　うんうん。なんかさ、店に客が入ってくれたらさ、その後はもうサービスなんかないような店もあるわけじゃないですか、見た目がよくて、ウェブサイトが綺麗《きれい》で、一度訪れたら記念にはなるし、思い出話とかにはできるけど、二度と行かないみたいなところもあったりするわけじゃないですか。その一瞬だけ楽しんで買い物する人を呼ぶみたいな。それは、最も人に開かれてる場所だと思うんですね。

竹田　例えばコンビニですね。

田中　そう、でも、コンビニじゃないわけじゃん。閉じてるってところにはなんかあるんだって、っていうことが言いたかった。

第4部 ライオン堂の未来に向けて

本屋としての「箔《はく》」

田中　お題。店長に対して提案したいこと……。いつもやってることだ。

中村　みんなが、みんなが竹田さんに（笑）。

田中　でも、僕、松井さんがそれ言ってるの聞いたことない。

松井　だって僕、人にどうこうってのは……。

竹田　僕が松井さんに相談してる。こういうことやりたいんだけど、やるべきかなあ、みたいに（笑）。

松井　だって、好きなことやって、自由に生きてほしいわけじゃないですか。うん。だから、特に人に何かを要望することはなくて、ライオン堂にも、ないね。

田中　だから松井さんと友達になれたんだよね。ずっと変わらないじゃん、松井さんも。

松井　僕がやりたいことは、もう明確に、みんなが本を買ってほしい、本が買われてほしいっていう、それだけですね。そのほうがみんな、人生豊かじゃない？　って思ってるから。だから、「本を買ってもらうために何かをする」っていうところだけなんですけど。ほかにやりたいものはないですね。

竹田　世の中を動かしたい、動かし続けたい。

松井　そうそう。だからライオン堂にとかはあんまりなくて、ただなんていうか、『しししし』もそうですけど、こういうことをやりたいんだけどっていうライオン堂の要望は、可能な限り――

田中　自分が実現すると。

松井　ライオン堂だからってことじゃないんですけ

ど、可能な限り実現できたほうがいいなと思っていて。そういうことがあって、だいたい「じゃあ、なんかやろうか」みたいに、総じてなりますね。だから今後も、なんかそんな感じで。

田中 まあ、もちつもたれつみたいな感じはあるよね。

竹田 僕は遠くまで車を運転して乗せていきますから、松井さんを。

松井 僕が松本でイベント出店したいから、一緒に松本に行こうぜって言って、行ってもらったりみたいな。野球の読書会したいねって言われたら、じゃあこれとこれとこれ面白いんじゃないの、って感じで、じゃあ僕も一緒にやろうって。そういう感じですよ。

田中 提案したいこと。提案……。

中村 でもやっぱり竹田さんは、どんどんアイデアを出してったり、広げてったりってことはしてますから、やっぱり何かが残るってことですよね。手前味噌《てまえみそ》であれなんですけども、ライオン堂のロゴはすごくいいなあと思ってて。ツイッターやら何やらを見てるときに、本屋でロゴをつくってアイデンティティもってやってますっていうのはライオン堂が最初のほうだったんで、このロゴがずっとあるってことで、説得力が年々増してるように見えるんですね。

田中 箔《はく》みたいな。

中村 箔がやっぱり、どんどんついていってる。どんな世界でもそうなのかもしれないんですけど、すごい一瞬売れた人でいなくなっちゃった人よりも、業界でしっかり生き残ってる人のほうが断然良いものをつくれるし、説得力も違うし、かっこいいし。みんな知ってることかもしれないけれど、続けてくってやっぱりすごいことだし。で、もともとのコンセプトは100年っていうところなんで、これはやっぱり実現してこそ真のライオン堂が、そこで……、ね。

僕を雇えるようになってほしい

竹田　田中君は？

田中　僕は、利益率の高い商品を開発したい。

竹田　具体的なのね（笑）。

中村　でもそういう、出版構造に着手していってるところはあるんですよね。

竹田　そうね、もう今7冊も本をつくることになってるんですからね、馬鹿のひとつ覚えだ（笑）。読書会やるって言って、一生懸命ばーってやり始めたら、本をつくるぞーって急に企画考えすぎて、リソースが足りないみたいな。今一番の利益率の高い商品は、僕がバイトすることですからね（笑）。

中村　でもそういうところを超えていくのが、本屋さんの1つのハードルだったりしますよね。

田中　だから僕を雇えるようになってほしいよね。実際に僕にするかどうかは置いといてね、店長が月30万手取りでもらってね、で、バイトが月20万もらえるみたいな感じの状態になるのが、100年続くってことだと思うので。だから店長が1か月入院したとしても、続く状態になってほしい。だって、もし1か月入院したらパンクしておしまいじゃない今は。そうじゃない状態になるのが――

中村　確かに100年続くって、そういうことになってきますね。

松井　田中君が、なんでそもそもここまで一緒にやれてきたのか、みんなが気になってる。

竹田　あんま聞いちゃいけないいんじゃないかって思ってる。

田中　うーん、なんですかねえ、友達だからじゃないですか。

竹田　田中君言ってましたもんねえ、3年前ぐらいに、焼肉食べたんですよお客さんとかと珍しく。そのときに「店長がどんなんなっても、僕はライオン堂やりますよ」って、よくわかんない熱い宣言をしてましたね。

田中　あー、そうそう。そうね。そうっすね。なんでだろうね。

竹田　二十代前半で謎の本屋に誘われて、それが運の尽きですね（笑）。本の趣味も全然合わないしね、田中君は海外文学が専門で。

田中　そうだね。あとは、僕のほうが頭でっかちに順序立てて本を読んでる。セレクトの仕方がね。店長はこの本ピンと来たみたいな感じで読んでて、サリンジャーがすごい好きだって言ったから、僕はサリンジャーと言えばこの作家とこの作家みたいに読むから、店長も絶対この本読んでると思ったら読んでなくて。ケルアック絶対読んでると思ったら読んでないとか。

中村　でも、本屋ってそういうところなんじゃないですか、やっぱり。読書会が盛り上がったりするのも、そういう違いみたいなところでいろんな火が移って、ぼわあーって感じで。

驚くほど棚をつくり込まない

竹田　田中君は、僕がもってない時間感覚をもってて。で、僕は明日の予定を当日に決めたい派なので、昔から。

中村　それでここまで、よくできましたね。

松井　ライオン堂は、棚をつくり込まないじゃないですか。それはすげえなと思ってて。

中村　ああ〜。

松井　田中君みたいなタイプだと、絶対棚をつくり込むんですよ。全体のなかでこういう構成だとか、最近の文学はっていうのがあって。それが、ライオン堂はびっくりするほど整ってない（笑）。

竹田 それがいい（笑）。僕のなかでは、そうやって整えてるんですよね。

松井 毎日変わることによって、整えてるのは分かるんだけど、本屋的な、分類的な整理が示されてない。

竹田 しかも、その説明がないからね、どこにも。だからよく言われますよ、古本屋みたいな新刊本屋だねって。古本屋ってあんまりないじゃないですか。値段別だったり、入ってきた商品順だったりってのはあるけど、新刊本屋として入ると、およよよよ？　みたいなのはある。

田中 出会いはあるけど、欲しい本はない（笑）。

竹田 雑然としてるよね。お客さんが動かしたままでもいいと思っちゃってますからね。

松井 ああ、そのまんまね。

竹田 そう、そこじゃないってとこに僕が入れてるから。普通、書店の人は相当、書店の棚にこだわりますよね。当たり前だろって（笑）。

田中 そこも怒られる（笑）。

松井 僕はもう、ライオン堂の棚はそういうものなんだと思ってるからね。

竹田 だから、ダメな人はダメなんでしょうね。感覚的に、新刊本屋だと思ってきた人にとっては、「ん？」ってのはあるかもしれない。僕としゃべってれば、この人いいかげんな人だなと分かるから（笑）。

田中 普通さ、棚をみて、どういう本屋かなって想像するじゃん。できないもんね、ここはね。

竹田 一番楽しいわけじゃないですか、本棚をつくるとか。セレクトすることを僕は人に委《ゆだ》ねてるから、さっきの中村さんの話にもつながって、軸がないように見えるのはそこ？　僕は選んでくれる人を選んでるわけだから、自分でコントロールしてると思ってるんだけど、来る人は目の前にある本との関係性を見てて、当たり前なんですけどお店のコンセプトなんて見ないから、その辺は面白いねというか、今のところはいいかなみたいな。これで、本当に本が1日に1冊も売れなくなったら、問題があるんでしょうけど、一応ちょっとずつは増えていってるぽいので。

中村 でも、毎回来てちょっと変わってたら、来る理由にはなりますけどね。

竹田 なかなかこういうタイプの店で新刊を扱っちゃうと、次の新刊を仕入れるのが結構きついので。

田中 あーでも、店長と話しに来たいって人が集まるようになっちゃったら、もうダメかもね。しゃべる時間、営業時間は1日6時間しかないわけじゃん。だから、店長目当てに来るお店になっちゃったら、しゃべれないから、みたいな。

竹田 その距離感はいいのかもしれないですね、僕はそんなにずっといないっていうか、バイトして店番を父や母に頼んでいて、意外と僕に会えないというか。実際、お店にいるのは2・5日ぐらいで。

中村 でも、メディアには出るじゃないですか。

竹田 メディアに出ると、最初はよく言われますね、こんなに若い人なんだみたいなのは。選書をお願いしてる人とか、『しししし』の感じとかが、六十歳ぐらいのおじさんみたいな雰囲《ふんい》気《き》で……。

田中 三十代前半とは思わないよね。

竹田 しかも、道楽っぽいところもあるから。

中村 でも、みなさん協力してくれるのは、やっぱりね。

田中 それはもう店長の人柄だからね、完全に。

竹田　それ以外ないんですかね（笑）。ま、何かの才能があったりするわけじゃないし、だから僕がこの本を書くときに、結果的に人柄になっちゃうって相談したんです、自分で言うのも変だけど。自分で思ってるわけではないんだけど、人から言われて、僕がもってるものはそれしかないから、人柄の一言で終わっちゃうような本になっちゃうかなって、最初困りましたね。もうちょっと客観的な本にしたいってなって、本屋をつくるためだけの本をつくってもしょうがないってことで、紆余《うよ》曲折《きょくせつ》あって、レーベルの1冊にすることも含めて、未来に対して悩んでる人に向けて、僕はがんばって書いてるという感じです。

田中　いいんじゃないすか。

竹田　なんんか、学級会みたいな感じになっちゃいましたけど。

自分で本を選んでほしい

田中　これ、答えといたほうがいい？　あなたにとっての本や本屋とは、って。僕あんまり答えることないんだけど。

中村　まあ、本屋否定派ですからね。

田中　否定派じゃない（笑）。本が欲しいわけであって、本屋が欲しいわけじゃないから。

竹田　そこは、僕も、本とか本屋の原理主義者ではないんですよ。中身とかのほうが重要だってのは分かるし、だからこそガワ（外側）を愛する人がいてもいいし、それは逆説的に理解できる。本だけを愛《め》ですぎちゃって、ほかのことを否定するっていうのは、ちょっと本末転倒かなって気はしますね。

田中　松井さんにとっては、本ってのはどんなものですか？

松井　うーん……。まあ、本屋と本は違いますよね。本屋と本は明確に違うんですけど、どういう存在なんですかねえ……。考えたことないですね。本屋はただの生活だからね。本屋をやるということは生活であって、それ以外の意味はあまりないですからね。

田中　家に住むのかってこと？

松井　ああー……。

竹田　松井さんにとっての本屋って、なんか不思議ですよね。

松井　……ダメだ、全然浮かばないや。

竹田　松井さんにとっての本ってなんなんですか、つくったりしてるわけじゃないですか。

松井　うーんと……。

田中　考えないぐらい、空気的な存在ってことですか。

松井　全然この主題に関係ないと思うんだけど、えーと、すごくよく言ってるのが、本を読んだほうが、人生が豊かになると思っていて、それは結構大前提で。本を読むためには、本が視界に入らないと読み始めないと思っていて、少なくとも今のリテラシーにおいてそれはウェブではないと思ってるんですね。だから生活の中に本棚が視界に入らないと、その子は一生本を読まなくなっちゃうので、家に本棚があって、家に本棚がないんだったら、どんな規模でもとにかくたくさん本屋があったほうがいい、ということになるので。僕も本屋をやりますし、誰かが本を売ったり仕入れたり、っていう行為に対しては、基本的には制度を整えたいと思っているけど。でも別に本自体は、そんな崇高なものじゃないからね……。生活の中にあればいいってだけで、そのために仕事ができるんだったら、形は関係なくて、ただただそれはいいなと思ってるんですよね。それだけ。

竹田 松井さんは、賢治っぽいですね。

中村 本を読みたいけれど、見つけられずにいる、僕はそっちかもしれないです。竹田さんが前に言ってた、誤配《ごはい》。

竹田 僕が言い出したわけじゃないですが（笑）。

中村 僕はたぶん、そっち派ですね。僕は吉祥寺《きちじょうじ》のよみた屋さんが好きなんですよ。あそこ本当に変な本が置いてあって。流通に載らないような本って、ネットでも見つけられないし、人に聞いても知らない人は知らない、知らないものは探せない。そういう本に唯一、会えるところというか、やっぱり誤って出会うものですよね、ネットだとこれを好きな人はこれって出てきちゃうと思うんです。まあ、そういうものじゃないものを手に取れるっていうのが、やっぱり本屋さんの1つの……、それがっていうよりかは、代替できないところ。

松井 僕は「選んでほしい」んですよ。なんていうか、僕が選んだものを読んでほしいとか微塵《みじん》も思ってなくて、自分で選んでほしいんです、それはレコメンドされたものじゃなくて。でも自分で選ぶためには選択肢が必要で、それって今のところ本棚でしかないというか、ウェブだとどうしても一覧性が低いし選択肢も多すぎるから、ある程度まで選んである本棚があるほうがよくて。それは、今のところ本屋っていうフォーマットが一番なんだと思いますね。だから、選んでほしいんですね。自分で本を。

中村 そうですね、選択って意外にしてるようで、させられてますからね。選択ってものをちゃんと残せてるところが、本屋ならではの部分。

竹田 本屋だとありますからね。場とか空間とか。その中で自由に動ける。

本は物じゃない、行為だ！

竹田　思うに僕はやっぱ、本屋とか本とかどうでもいいのかな。内容なんですよね、で、それを収める形が本だという感じで。紙の本が好きという前提でね。

田中　店長、本当にさ、こだわりがないよね。だから、広義の文学が好きなんだよね、広い意味での文学、物語。

竹田　本とか読書とかの話になったときに、僕が読書って言ってるのは、なんだろう……。物事を考えたり見聞きしたりするのは言葉なので、その言葉を蓄《たくわ》えたりするためには、今のところ本というのが大事なツールなんじゃないの、っていうのが大きいんだと思いますね、僕が本にこだわってる部分としては。言葉だけだと流れていっちゃうんですよね、あとは、口でしゃべると言い換えが可能だってところ、さっきの話ほんとはこうですみたいなのも、それだけだと物事って進まなくて。確定するときには紙に書くとか、本にまとめるっていうのが大事な行為で、その1つの行為として本があると思うんですけど。僕は本って、物というか行為だと思っていて、束《たば》ねることによる契約を交わしてるというか。例えば、『ししし』の初版はもう変えられないわけですよ、都合が悪いことがあっても、基本的に変えられない。だからDOだと。

松井　DOだけわかんない（笑）。

竹田　まとめようとしたけど、最後だけわかんない（笑）。

田中　する、ということ？

松井　一連の「選んで買って読む」っていうところまでが広義の本であって、そこまでを見据えたいってことですね。

竹田　そうそうそう、本はTHING（物）じゃなくて行為。だからDOなんですよ、僕の中では。

【2019年4月15日　双子のライオン堂にて】

第5章

双子のライオン堂の「外側」から

この章では、ぼく自身の生き方を踏まえて、若い世代の人たちに伝えられること、本屋の未来のために考えられることを、少しだけ客観的な視点から、まとめていきたいと思います。

1 伝えることの役割

双子のライオン堂という場所を、客観的に「外」から眺めて

双子のライオン堂は、夢を語ってもいい場所、夢を見てもいい場所であってほしい。

ぼくはよく「本屋は現実を受け入れたり直視できたりする一方で、夢や未来を語れる場所であるといいな」と言っている。そもそも、ぼくが「100年本屋を残す」という夢を語っているわけだから、お客様のそれを否定するのはおかしな話。

これって当たり前のことのような気もするけど、意外と大人が集まると、現実的になりがちだ。それも大事だけど、夢や未来が語れる場所も大事。特に、大人がそうできないのは、自分たちもそうだし、これからの子どもたちにとってもよくないことなんじゃないか。

確かに、夢や未来を語ろうとすると、ついつい恥ずかしくなってしまうこともある。でも、本屋の場合、本たちがそれを先にやっている。先人の夢や希望を語っている。だから、ちょっとくらい青臭いことを語ってもいいと思う。全て受け入れる場所になりたい。

ちなみに、この場合の夢や希望は、全部が全部明るいポジティブなものではない。そうでないものも全部含めたうえでの、夢や未来のことだ。

誰でも自由に出入りができる「公園」のような場所

本をメインで扱う。

新刊を売る。

でも、古書もZINE《ジン》も同人誌も売る。

読書に関連するものも売る。

読書という体験を売る。売るというと語弊《ごへい》があるけど、体験を一緒にする。

そして、開かれた場所であること。

開かれているからには、みんなで自身を律しないといけない。仲間だからといって、なあなあになってはいけない。仲間だからこそ、礼儀やマナーをわきまえるべき。人の話は聞く。相手のこと、立場を考える。

だから、主義主張の違う人と腹を割った話ができるし、込み入った議論ができるんじゃないか。ぼくはライオン堂を、そういう空間にしていきたい。

特に個人のお店となると、人とのつながりが語られがちだけど、ライオン堂がどんな場所であってほしいかを考えると、公園的な場所であってほしい。誰でも入れて、いつでも出て行けるような場所。みんなが好きなときにいて、いろんなことをしていて、他者の自由を奪わない状態で、自分の好きなことをする、考えられる空間が理想。

ぼくはそこの、名物清掃員くらいの感じだろうか。管理人でもないし、オーナーでもない。もちろん、商売をする者としての責任はある。でも、その場所にちょっと詳しい案内人くらいの立場でいたい。

例えば、植物に詳しい人がいるなら、その話をしたい人同士で話してもらえばいい、その人に任せておけばいい。これを投げっぱなしというのかもしれないけど、お店として維持していくのが責任だと思っているので、維持できる以上はそれでいいのかなと思う。

あと、たとえが二転三転するけど、大人の児童館という考え方もあるかもしれない。子どもの頃は、いろんな学校の子が放課後に集まって交わる、そんな遊べる施設がある。そこでは立場も違えば、考え方も違って、年齢も異なる。そういう場所って、大人になるとないのかもしれない。

あるとしたら、飲み屋？　少し違う。

図書館？　これも違う。

フィットネスクラブ？　違う気がする。

もっと何も考えずに行ける場所であるべきだと思う。

こじつけのようではあるけど、可能性があるとしたら、親和性があるとしたら、それは本屋なのかもしれない。

本屋が好きなので、本屋を残したいという思いから、本屋をやっているけど、もしかするとそういう空間をめざしているのかもしれないと思えてきた。いつかぼくは、大人の児童館（矛盾《むじゅん》しているけど）をつくるかもしれない。

これだけは譲れないもの、こだわり

誰かにとってのこだわりっていうのは、誰かにとってはどうでもいいものであることが多い。

でも、どうでもいいことほど、大事だったりする。

そういうものを大切にしたい。いつか立場が変わったり、歴史が変わったら、その価値観が入れ替わったりすることなんてよくあることなんだから。


文学を絶やさない。これは、譲れないというのとは違うかもしれないけれど。

ぼくは文学を信じていて、今現在の思いつく例としては、文学は時空を超えたコミュニケーションだと思う。だから、文学を絶やしたら、人間のコミュニケーションはとっても寂しいものになるんじゃないか。

コミュニケーションって、積み重ねていくものだと思う。その最たるものが、文学作品じゃないか。事実が書いてある本ももちろん大事だけど。物語は、作者の解釈が入っていて、それこそがコミュニケーションなんじゃないか。ちょっと抽象的すぎるとは思うけど。

少しまとめ直すと、同じものを見て、他者が何を考えているか、考えていたかを知ることの大事さが、文学にはあるのかなと。

それで、これは、いくらでも解釈を拡大していくことができる。ぼくは、文学脳（そんな言葉があるか分からないけど、なんでも文学だよって言っちゃう脳味噌《のうみそ》）なので、歴史書にもビジネス書にも文学を感じるときはある。文学はその辺に転がっている。そういうふうに、みんながとらえてくれる日が来ることを、いつも妄想している。

学校の授業で伝えたいこと

最近、ぼくは、たまに学校で教壇に立つことがある。

呼ばれる授業には、二つ種類がある。

一つは、出版に関する授業。主に母校の授業に、ゲストとして講義しに行く。この場合は、本屋、出版関係者として呼ばれている。

この授業では、本屋の現状と本屋が取り組んでいる活動などを、また大学時代の話などをしている。

出席する学生は、授業で課題として出されている本は読んでいるようだけど、本屋に行っている人はいるかと毎年聞くと、3分の1くらいしか手が挙がらない。

この授業では、本屋に行くといろんな出会いがあるよ、という話もする。どんな出会いがあったか、実例を交えて話す。授業を受けている学生たちは、別に本屋になりたいわけじゃない。作家や編集者志望が多い。だけど、だからこそ、本屋に行くといいことがある、本屋の役割を今一度考えてみてもらいたい。それは読者を考えることでもあるから。

もう一つは、キャリアに関する授業。小学校や中学校、大学に行くこともあって、本屋として講義するわけではなく、社会に出ている人というくくりで呼ばれる。これは、ぼくが、キャリア教育についてのNPOに所属しているから。

そこで話すのは、働いて生きるということ、仕事とは何かということ。ぼくに求められているものは、そのNPOの中では学生に一番近い立場として、彼らの話に耳を傾《かたむ》けるということ。でも、自分のキャリアもしっかりしていないのに、何を話すのか（この本もまさにそういうテーマだ）。

話すことは、2足3足の草鞋《わらじ》の話。キャリアが定まっていなくても、とりあえず生きてはいける。青臭く、ダサくても別にいい。「人生には正解はない」って言うけど本当にそうだよ、と伝えること。

今の学生は、デジタル・インターネットネイティブだし、ユーチューバーとかがなりたい職業だし、結構自由に発想するんだろうと思っていた。でも、みんな真面目《まじめ》なのか、そういった情報は溢《あふ》れているし、自由で型破りな存在は知っているけど、自分は違う、会社員になって出世してマンションを買うか賃貸にするかで悩んで……、みたいな、「普通」を追っている子が多い傾向だった。

確かに、未来が明るい、ようには見えないし、大人が笑っていないのだから仕方がないのかもしれない。

なので、自分のような肩書きの不安定な存在を見せるだけで、え、そんな生き方していいの？　となるはず。結構興味をもってもらえて、感想などでも「世界が広がった」みたいな意見をもらったりする。それがその子たちにいい影響を与えているのかは、分からないと毎度不安にもなるけれど。

ぼくなんかは青臭く生きているので、そういうのも、生々しくぶつけるようにしている。一歩間違えたらちょっと怪しい人だけど、夢を語ったほうがいいよとか、そういう話をしている。

2 本屋の未来に必要なこと

本屋を増やすという試み

今は、本屋を増やしたいと考えている。そのハードルをどう下げていくかが、ぼくの役割ではないかとも思っている。本屋を始めるうえでのハードルは、気持ち的なものがほとんど。だから、そのハードルをうまくなくしてあげて、一歩目を踏み出してもらえるようにしたい。

例えば場所。場所をつくることは、なかなか難しい。お金の問題だけではなく、タイミングもあるから。

失敗することも大事。とはいえ、進んで失敗はしたくないのが人間。なぜ失敗したくないのか。ダサいから？　怖いから？　いろいろあると思うけど、一緒に失敗できるのなら、リスクが減る。それが「本屋入門」の実践編でやりたかったこと。これはぼく自身の経験に基づくものでもあって、何かを立ち上げるときに1人だと、リスクが全部自分にふりかかってしまう。なるべくリスクを減らすには、多くの人を巻き込むほうがいい。

ところで、ぼく自身が、なぜ本屋を増やしたいと思っているのか。

最近、本屋が増えている。特に東京ではその傾向が強い。その結果、実際にお客を取り合っている気もしている。それでもまだまだ、本屋は増えていいと考えている。というのは、本屋という存在が生き残るためには、まず母数を増やさないといけないから。いっぱいあれば、最終的に生き残っていく数も増える。

そして、アイデア。自分のお店が正解だとは思っていない。もっとたくさんの可能性がある。それは地域や時期の問題もあるし、それでも多くの人が本屋をやることで、今までなかった本屋の生き残りの方法が見つかるかもしれない。

もし、新しく生まれた本屋のアイデアが、短い期間で途絶えてしまっても、トライした内容を継承していくことで、次のステップに進めるかもしれない。だからぼくは、本屋を増やしたい（できれば、今後その経験や知恵を蓄積したい）。

本以外のイベントを仕掛ける——体験を通じて本好きを増やす

本屋で本のイベントを行うのは、もはや当たり前のこと。著者イベントや読書会など、ライオン堂でもたくさんやっている。本が好きな人たちが集まり、本の話をする。こんな楽しいことはない。

ただ、本屋としてどうしても、本を信じているからか、本好き以外の人にも本と出会ってほしいと思ってしまう。余計なお節介なのは承知のうえで、でも、友達に誘われて、自分の人生には関係ないと思っていた事象と触れることで、新しい発見があったりすることはないだろうか。

例えば、ぼくの場合はラジオがそうだった。友人から「爆笑問題さんとか伊集院光《いじゅういんひかる》さんのラジオ聴いてみてよ、ぜったい好きだと思うよ」と言われたのがきっかけ。ミュージシャンのラジオは聴いていたけど、お笑いはテレビで見るもの、という固定観念があったので、ラジオで聴くの？　みたいな感じだった。しかし、いざ聴いてみたら、とてつもなく面白くて、今ではずーっとラジオを聴いている。本を読む暇がないくらいに。

もう一つは、野球。そんなにプロ野球に興味がなかった中学の頃、父に連れられて観戦に行った。それまでは、草野球やテレビゲームはやっていたけど、プロ野球の観戦は初めて。生で観たプロ野球は、迫力がありそれはそれは楽しく……。テレビの野球観戦もそれまでは、アニメがつぶれたり、延長してドラマとかの放送開始が遅くなって録画ができていなかったりで、正直嫌いだった。

でも、現場に行って、体験して、見方が変わった。急に、スカパーとかに入ってもらい、1シーズンずーっと野球を見ていた（ちなみに、東京生まれ3代目の江戸っ子だけど、そのときから中日ドラゴンズファン）。

ぼくのように体験を通じて、本好きになる可能性があるんじゃないか、と考えている。ただし、本のイベントだけだと、もともと本に興味がないと足を運びづらい。ラジオも、ラジオの魅力の前に爆笑問題さんや伊集院光さんというフックがあるわけで、プロ野球も野球をやること自体が好きだった。

なので、ワインやウイスキーのイベント、アナログボードゲーム、クイズなどをやったりして、本屋や本に関心がなくてもとりあえず呼び込む。そうして、来てもらえたら、ぼくやお店にいる人が、最大限に本屋と本の魅力を伝える。

これを繰り返しているうちに、本好きが少しでも増えたらなと思う。

だから、本以外のイベントも積極的に取り入れている。

スポーツ観戦バーなんかも似ている。そもそもお店って、店主の考えと、お客様の考えを反映して、何をやってもいいと思う。なになに屋さんだから、これ！というほうが、一《いち》途《ず》で良い感じもするけど。

あと、もちろん本の売上だけだと、商売として立ち行かないから、というのもあるけど。

そもそも、なんのために（ぼくは）本を読む？

よく、「なんで本を読むんですか？」と訊かれることがある。

もっと突っ込んで「本を読むといいことありますか？」とも。

特に、文学が好きで、本屋のラインアップも文学や思想哲学的なものが多いから、「こういうのを読んでて、何かの役に立ちますか？」とも訊かれる。

役に立つ、とか考えて本を読むことはない。いや、そういうときもあるけど、それは何周も回って回って返ってきた結果。一番最初に本を手にしたときは――さすがに覚えていないけど、とにかくこの紙の束《たば》の文字を追うと面白い時間を過ごせる。という原体験がなんとなくあって、それゆえにこの本も面白いだろうか？　と読み続けてきているのかもしれない。

余談だけど、ある時期と時期で、本という器《うつわ》の見え方が変わってきているな、と思っている。当たり前だけど、本って、文字の連なり、文章の連なりが書かれた紙を束ねたもの。それを読む側としては、上製本《じょうせいぼん》（いわゆるハードカバー）だろうが、ホチキスで止めた資料やチラシだろうが、文章という意味では、同じもの。けど、そこには見えない線引きが存在する。ぼくなんかは、本屋を始めるまで、本がどのような存在なのかを、意識したことがなかった。もちろん、本そのものは知っているし、無意識で識別してはいるけど。

これって、娯楽が今ほど多様ではなかった頃の本がもっていた役割の名残《なごり》、または教科書などのちょっと権威的なものの原体験の延長なんじゃないか。

なので、インターネットが一般化して、ああ文章って紙の本以外にもあるのか、という認識が普及したから、より本という存在が際立ってきている気がする。

話を戻すと、ぼくは本を読んでいるのか、ということ。ぼくの中で本を読んでいる、と言ったときに、紙の本や電子書籍にこだわりはない。本を読むというときに、もっともっと芯の部分の話をしたい。つまり、何を読んでいるか。

ぼくは、本を読んでいるとき、「物語」や「風景」を読んでいることが多い。

手触りのある、本という「形」へのこだわり

本と中身を分けたうえで、ぼくは紙で束ねられた本という存在を愛している。これは、ただダイヤモンドが好きとか、あんこが好きとか、そういう雰囲気《ふんいき》と同じ感じ。

いまどき、リアルの本屋をやっていると、「紙の本が一番のひと（紙の本原理主義者）」だと思われることが多い。でも、ぼくに関してはそんなことはなく、文学的なこと全般が好きで、その中のひとつとして、紙の本がある。そのひとつの範囲がとても広いから、そこにイコールの関係をみてとることもできて、ややこしい気もする。

それで、こんなことを書いていながら、やはり紙の本が好き、という堂々めぐりになってしまう。

紙の本で読むと、それを読んでいたときの周辺記憶も一緒に残る気がする。本の実質的な重さがスイッチになって、ああこの本を読んだとき、だいたいこんなことしてたなぁ、みたいな。手触りも同じで、このザラザラした表紙を熱い夏に触ってたなぁ、とか。

電子書籍だと、物語や内容と周辺記憶が残ることはあっても、重みとか、手触りで思い出す感じはしない（控えめに言っても、ちょっと少ないような気がする）。だから、ぼくは本当に情報だけが欲しいなら電子書籍でいいと思う。物語を読むときは、読んでいる自分の姿や思考も含めて読書なので、手触りとかも含めて楽しみたい。

これは特別な感覚じゃないと思うし、いろんなところで言われ始めていることだと思う。たぶんだけど、お店をしていてお客様と話していたりしても、傾向として本の造りが変わってきていて、手触りや重さにも力を入れて本づくりがされている気がする。そして、そういうものが残っていくんじゃないか。

ただの情報の箱なら、そりゃ電子書籍のような軽くて持ち運びがよく、欲しいときに手に入るもののほうがいいだろう。でも、それ以外のコンテンツはどうか。例えば小説は。小説で一番大事なことはディテール。ディテールがないなら、大枠《おおわく》はほぼ、どの話も同じ。何かをやって、終えることに尽きてしまう。しかし、面白いものと面白くないものが、人によって異なるのは、そのディテールを楽しんだりしているから。

だとすると、そのディテールは本の中身から出てきて、本自体にも派生してくるはず。これを拡大していくと、買い方や出会い方にも、著者や読者双方からこだわりが出てくるはず。

今後、形ある本の数は減っていくだろう（パルス攻撃で電子機器がなくなったら、状況はまた変わるだろうけど）。でも0《ゼロ》にはならない。それは当たり前の話で、誰か一人でも必要としたら残る。自分でつくればいいわけだし。

話はとめどないけど、例えば本の貸し借りとかも含めて読書だととらえていけると、体験全てが読書だと考えられるようになる。そうすることで、また新しい論点が見えてくる気がする。

図書室という存在について

ぼくは、本屋が好きなのと同じくらい、図書館が好きだ。

もう少し具体的に言うと、図書室。通っていた小学校の図書室は、今でも間取りを紙に書き出せるくらい覚えている。ただ、読書家だったわけではなかった。けど、本に囲まれている感じが好きだった。ちょっと埃《ほこり》とカビの匂いも好きだった。

中学では、健康と友情のバランスを大切に考えて、一日置きに図書室と校庭に出向いていた。ある日は校庭で遊ぶ友人たちを図書室からうらやましく眺めて、翌日は制服のままキックベースをしてホームスチールでズボンを破きながら、読みかけの『江戸川乱歩全集』のことを思い出していた。

中学3年のときに、学校の冊子になんとなく書いた「本を読むと世界が広がる」みたいな文章が、図書委員会の顧問に見つかり、まんまと委員にされた。仲良くなりすぎて、入っていきなり委員長にされて、長年、顧問を実直に支えてきた生徒から、あいつ何？ 的な視線を送られた（気がする。被害妄想かもしれない）。と同時に、校庭での友情がおろそかになり、友達も減った（これは妄想ではなく、面と向かって言われた）。

それでも、図書室は面白かった。自分の知らない世界が広がっている。読むべき本がたくさんある。あと、なんとなく知的に見える。中学生なんてそんなものだ。

ただ、委員会のメンバーや常連の生徒と本の話をした記憶がない。ぼくだけ無視されていたわけではない（と思う）が。絵に描いたような図書室だった。静かな部屋だった。


高校でも図書委員だった。整理のボランティアもやった。結構立派な図書室で、入ってすぐ右の棚にずらっと『万葉集《まんようしゅう》』があったような気がする。よくそれを読んでいた。と言っても文字をなぞる程度。本当に学校に行くのが嫌な時期、学校に行っても教室に入れない時期に、少し逃げるような気持ちで図書室に行った。

図書室では、本が救ってくれることもあるけど、本なんか読めず、頭の中に負の感情だけが襲ってくることもある。そんなときに『万葉集』を開いて、とにかく理解はできなくても文字を追う。少しそれを続けていくと眠くなる。心が落ち着いてくる証拠だ。それでやり過ごしていた。

引きこもり状態の日々から、学校に復帰したあとも、図書室には通っていた。のんびり過ごせる場所だった。学校帰りに寄り道は禁じられていたので（まあ実際には寄り道していたけど）、堂々とのんびり過ごせる場所だった。晴れの日も（暑い日はクーラーが効いている）、雨の日も遊びに行ける公園のような場所だった。

3 生き残るために必要なこと

意識的に、自分のお店以外の本屋に足を運ぶ

双子のライオン堂にいない時間をつくる。これが自分を支えていると思っている。どういうことかといえば、副業していることや本屋以外の活動もしていること、自店ばかりにこもらず他店にもよく顔を出すようにしていることなど。

もちろん、本屋だけをやっていても生きていけないから、副業という道を選んでいる。また、本屋そのものを残すことが目的だから、本屋の収益だけに頼らない形で生きていく道を模索しているところもあって。

一方で、それは体《てい》のいい言い訳なのかもしれないと思うこともある。本屋だけやっていたら、飽《あ》き性《しょう》なぼくは5年も続かなかった。程々に息抜きが必要だ。

これまでにいろんな企画をやってきたけど、ほかに仕事を抱えて、書店業界以外の空気を吸っているから、そうした企画を立ち上げたり実践したりできたのかもしれない。

なるべくいろんな本屋に行くようにしている。自分の店の中だけにいては、ダメ。井の中の蛙《かわず》になってはいけない。そもそもこの業界にはそういう空気があって、再販制などに守られていたために、本屋も出版社も取次も、努力をやめてしまった。もしかすると読者ですら、それをよしとしていたのかもしれない。

もちろん、利便性や効率性に流されていくのは仕方がないとも思う。ネット通販は便利だし、電子書籍に罪はない。それでも本の文化をすぐさま捨てていいのだろうか。

また、そういったものを少しでも残すための努力はしてきたのか。ゆっくり物事を考える余裕が、この業界にはもうなくなっていた。そこで今、多くの人がそれに気づき、新しい動きが活発になってきた。そういった動きを、やはり自分の目で体で体験したい。それで、お店の外に出ることを意識的にするようにしている。

自分のお店にいると、もうこれは最高なのだ。自分中心になっているから。でも、それだけでは衰退《すいたい》していくばかり。他者の目線が大事になる。

頑《かたく》なに、生き残ることだけを考えている

人生において大事なことは、負けないことだと思っている。勝つことではなく、負けないこと。負けなければいい。ある一定の時期においてトントンであるなら、それでいい。勝つことを至上命題《しじょうめいだい》にすると、勝ち続けないといけなくなる。

そんな考え方だから、生き残ることを目標に、本屋をやっている。

今、何かものすごいアイデアがあって、とてつもなく儲《もう》かったとする。それはそれで素晴らしいけど、だとしても数年後にお店がなくなってしまったとしたら、100年後の人はそのお店を覚えていない。覚えていないということは、なかったということと一緒。それは歴史が証明していて、教科書に書かれていないことは、勉強する学生にとってはなかったことと等しい。

少し引いた目線で見て、なんらかの資料に目を通して、教科書よりも多くの歴史的事実を学んだとする。でもやはりそこで知り得なかったことは、ないのも同然なのだと思う。そうだとしたら、歴史に残り続けるための手っ取り早い方法は、生き残るということ以外にない。

たまに分岐点的な存在として印象に残り、後世に伝わっていくものもある。例えば恐竜のように。でも、恐竜も本来は種類がたくさんある。あるのに、ほとんどひとくくりにされてしまう。その一方で、シーラカンスは、いまだに種として存在が認知されている。この差はとても大きいんじゃないかと思う。

いろんな人に温かい声援を送ってもらうことは多いけど、たまに厳しいことを言われることもある。もちろん、紳士的に耳を傾《かたむ》けて、冷静に考える。納得できれば、それでいい。納得できないこともあって、そういうときは、生き残ってやる、と考える。その人よりも生き残れば、こちらが正解になるんだ、と自分に言い聞かせる。

そして生き残るためにどうするかを、よりいっそう深く考えるようにする。そこから活力が生まれてくるように思う。

4 双子のライオン堂の未来、ぼくのミライ

お店を理解してくれる語り部と出会う

本屋としての生き方は、生き残ること。これを馬鹿みたいにがむしゃらに貫《つらぬ》いて、生きていきたい。どんなに素晴らしいアイデアがあっても、どんなに売上を一期間伸ばせていても、残っていなければ、意味がない。世の中の移り変わりはどんどん早くなっている。残ることの大事さを、より痛感している。

昔、通っていた、すごく好きだった書店がなくなってしまうのはいけないことだけど、よほどの取り組みや、それらを真剣に語る語り部と出会わなければ、記憶にすら残らないだろう。記憶に残らないということはないのと同然だと、文学に向き合えば向き合うほど思えてしまう。

ぼくは文学が好きで、それほど真面目《まじめ》な読者ではないけど、ずっと文学とともに生きてきた。そして、語り部に恵まれた人が残るということを目の当《あ》たりにしてきた。どんなに

優れた作品、理論を残したとしても、その事実にアクセスする方法がなければ、忘れられてしまう。忘れられないための手段の一つが、とにかく残るということだと思う。

残る方法にもいろいろある。自分が生身の人間として生き残ることは言うまでもないけど、それだけでは心許《こころもと》ない。自分の身に何かあれば、終わりだ。なので、語り部が重要になってくるのだ、と最近思う。

ぼくの場合は、ライオン堂的なものを理解して、共感してくれるお客様の存在だ。自分がやりたいこと、目標を常に伝えていき、もしものことがあれば、それを引き継いでやってもらう人をつくる。

仕事を仲間に割り振る、そのための組織をつくる

ここまで気持ちのことを書いたけど、それだけで生き残ることは難しい。さっきも書いたような、生き残るための具体的な仕組みが必要だ。長く続けるための場所、今お店のあるマンションは、よほどのことがなければ、なくならない。他者の意思でお店を閉じることになることは、ない。もちろん、それに甘んじることはなく、万が一のプランも考えて

ある。

また、場所があっても、自身の生活の安定も必要だ。そこについては今のところ、本屋の売上だけに頼ることは、長く続けるうえではよくないと判断して、複数の仕事を掛けもちしている。

もう少し踏み込んで書くと、今は副業の大半が単純作業だ。そして雇われてやっている。それにも限界がくるだろう。年齢の問題やその仕事先の景気にも左右される。

そこで、まだ漠然とした予定ではあるけど、大学に通い心理カウンセリングに関する資格を取ろうとしている。本屋という場所があるので、そこで人のためになることを同時にできればいいし、手に職ではないけど資格を得ることで、広がるものもあると思っている。

また、これは漠然とだけど、仕事を集めてきて自分や仲間に割り振る、そんなこともできればいいなと計画している。

出版周りだけでも、文字起こしなどの細々とした仕事をいただくことがある。また全然違う業態、例えば清掃の仕事や引っ越しのような仕事を受けることもある。これらを自分だけで処理することはできない、お断《ことわ》りすることもあるので、同じように副業で何かをしたいと思っている人に割り振ったりできる仕組み、組織をつくりたいなと考えている。

日本全国、世界中の本屋を訪ねて歩く

日本全国、世界中の本屋や本のある空間を訪ねて歩きたい。これは全ての本を読むことと同じように難しいことだとは思うけど、やっぱり現地に行って目で見て、感じたい。

たまに初めての町の知らない本屋さんに入って、今まで見たことのない新しい取り組みを発見したりする。そんなとき、ついつい店主や店員に話しかけてしまう。当人は、え？当たり前のことですけど、何か？　みたいな感じなんだけど、いろんな本屋で真似《まね》したらいいじゃん！　と思える発見も多々ある。

ついついインターネットで、あらゆる情報が閲覧できるようになったと思ってしまうけど、実際はそんなことは決してなくて、インターネットに載せるか載せないかはまだ今のところ人間の感情や感覚によるところも多いわけだし（ロボットが現実世界を再現、収集していく未来も見えつつあるけど）。いろんな本屋さんに実際に行ってみることで、100年後にも本屋を残していくためのひらめきを見つけられるんじゃないか。

残ることで言えば、出版事業を始めたのも、利益率云々《うんぬん》の話もあるけど、紙の本への信頼があるから。そう、仮に100年後にライオン堂が閉じたとして、その後も出版した本は残る可能性があるから。そのためには、いい本をつくらないといけないし、続けていかないと駄目だ。種類や数も無理のない範囲で、いろいろ出さないといけない。

取っ掛かりとしてまずは雑誌（文芸誌）をつくったので、次は単著をいくつか出す予定。音楽とか文具とかも計画して、その一部はもう形になってきている。本屋、読書の範疇《はんちゅう》から出過ぎず、くっつきすぎず。

考える時間がなくても、考えている「ふり」をする

他には、どんな生き方があるか。

子どもたちが明るい未来を感じられる、自分たちの手でつくっていける、そんな世界にしたい。100年続けるには、新しい世代の存在も欠かせない。協力してくれる人、お客さん、著者、全てに。どんなことができるか明確ではないけど、今まで通り模索していく。

やりたいことがたくさんあって、やらないといけないことがたくさんあって、日々立ち

止まって考える時間がなくて、それでも考えないといけないことがあって、そんななかでも生きていかないといけないので、考えるふりになっていたり、そういう日々を愛しく思える日が来ると信じて、生きていく。

おわりに

本を売ることを考えて約十六年、生きてきました。

雑誌を作ったことはありましたが、今回初めて一冊の本を書いてみて、書き上げることがどれほど大変なことか、孤独な作業かを体験しました。

本を売ることは難しい時代なんて言われることがあります。ですが、ぼくは「本屋は誰かが作ってくれたものを売るだけの商売だから大変じゃない」と頭では分かっていたつもりでした。実際にやってみて、よりその思いは強くなりました。

今後は、一冊一冊に、この本以上の思いや労力がかけられて作られていると感じながら売っていくようにしたいです。

最後に感謝を述べる箇所が今までなんであるのだろう、と考えていましたが、一冊の本を書いてみて、感謝の意を本に刻《きざ》みたいという気持ちが分かりました。それは言葉の力を、本の力を信じているんだなと。

なので書きます。最高な装丁と適切な助言とエールを送ってくれたデザイナーの小川《おがわ》 純《じゅん》さん、素敵な装画を書いてくれた西島大介《にしじまだいすけ》さん、『しししし』編集部のメンバー、選書に協力してくれた皆様、挿絵を書いてくれて後書きに名前を入れるか入れないかでもめた優しい妻に、そして、本書を読んでくれた方、お店のお客様に感謝致します。

この本が、誰かの一歩目を後押しすることがあることを願います。

２０２０年3月　竹田信弥《たけだしんや》

［著者紹介］

竹田 信弥

たけだ・しんや

1986年東京都生まれ。双子のライオン堂・店主。高校2年時にネット古書店を開業し、2004年5月に双子のライオン堂へリニューアル。大学卒業後はベンチャー企業勤務などを経て、2013年4月、東京都文京区白山にリアル店舗をオープン。2015年10月に東京都港区赤坂に移転した。「ほんとの出合い」「100年残る本と本屋」を同店のコンセプトに掲げ、店舗運営のかたわら、読書推進活動などにも携わっている。2019年、雷鳥社より刊行された『街灯りとしての本屋』の構成を担当。

双子のライオン堂

〒107-0052
東京都港区赤坂6-5-21 シャトー赤坂101
TEL：050-5276-8698
営業時間：水曜・木曜・金曜・土曜の15〜21時。
日曜は不定期
HP：https://liondo.jp/
twitter：https://twitter.com/lionbookstore

ミライのパスポ

めんどくさい本屋《ほんや》

100年先《ねんさき》まで続《つづ》ける道《みち》

2020年4月27日　初版第1刷発行

著　者　竹 田 信 弥
発行人　小 林 豊 治
発行所　本の種出版

〒140-0013　東京都品川区南大井3-26-5
カジュールアイディ大森15　3F
電話 03-5753-0195　FAX 03-5753-0190
URL http://www.honnotane.com

◉装画：西島大介
◉本文イラスト：くれよんカンパニー
◉ブックデザイン：小川 純（オガワデザイン）
◉印刷：モリモト印刷

ISBN 978-4-907582-21-0
Printed in Japan

ミライのパスポ

創刊の言葉

2019年、冬。
混沌としたミライを渡っていくための、
本という名のチケットを贈り始めます。

本の種レーベル『ミライのパスポ』

「人の数だけ、思い描いている生き方や、社会のあり方がある」

このレーベルに名を連ねる人たちは、
何かの「先生」ではありません。
ありきたりのサクセスストーリーはなくて、
ただ一心に自分の選んだ道を、迷いながらも進んできた人ばかり。
そして、まだ、人生という長い長い旅程の途中に、佇んでいます。

示したいのは、誰もが気づいているようで気づいていない、
そんな生き方や考え方。
こうでなければならない、こうしなければならない、
という「常識」のフィルターを外して歩き出すと、
思ったよりも世界が広く、大きく見えてくるかもしれません。

その先に待っているのは、なんでもできる／なんでもやっていい、
という自由とも異なる、自分にとっての最適解を探していく、
旅のようなものではないでしょうか。
ただ、主義・主張を訴えるのではなく、
何かしらのコア＝「核」をもつ著者たちが贈る、
今を生きるためのヒントが散りばめられた、
そんなレーベルをめざしていきます。

「Daja」ディレクターの
おしゃれと暮らしを見直して
気分よく過ごすコツ

板倉直子

明日、ちょっといい私に出会えたら

Prologue

春には春の、
夏には夏の、
秋には秋の、
冬には冬の。

晴れた日も、雨の日も、
気分がよい日も、落ち込んだ日も。

毎朝クロゼットから洋服を選んで、
私の新しい一日が始まります。

島根県松江市の「ダジャ」という洋服屋で働き始めて、
あっという間に33年がたちました。
私の持ち味は、おしゃれすぎない
暮らしになじむ〝等身大〟の着こなし。
トラディショナルなスタイルが好きなのは変わらないけれど、
重ねていく年齢やその時代の空気感によって
少しずつ〝今〟を更新したいと思っています。

たくさんの洋服はいらないけれど、自分なりのおしゃれを楽しめたら。
若作りをしようとは思わないけれど、いつまでもフレッシュな気持ちでいたい。
心地よさは何より大切だけれど、颯爽とした佇まいや、つや感も必要。

シャツ一枚でも、これまでと雰囲気の違うものを取り入れてみると気分が変わる。
そんな洋服の魅力を伝えていけたらと思っています。

今日の自分が未来の私をつくる。
明日、明後日がさらに楽しくなるような
新しい自分に出会えたら。
小さな幸せをたくさん見つけながら、
上手に年を重ねていけますように。
そう願いつつ、
今の私のおしゃれや日々の暮らしまわりのことなどを
書き留めてみたいと思いました。
めぐる季節を楽しむように、
この本のページをめくっていただけたら嬉しいです。

Contents

Chapter 2

季節を味わわないとあっという間に1年が過ぎてしまう

Chapter 3

無理なく自分を整える

Chapter／1

今の〝身の丈〟に合った服選びって？

おしゃれの〝骨格〟白シャツが変わった

流行が変わっても、年齢や体型が変化しても、クロゼットの中には必ず白シャツを揃えておきたいと思っています。白シャツのよさをひと言で表すと「そぎ落とされた美しさ」ではないでしょうか。何の策もなく着てしまうと平凡に陥ってしまう難しくないようで難しいアイテムですが、時にはボーイッシュに、時には女性らしく……と自在に雰囲気を変えて楽しむことのできる白シャツは、たとえるなら、毎日食べても飽きない白米のような感じかも。

私の白シャツ遍歴。

20代初めに手に入れたのは、メンズのボタンダウンシャツ。伝統的なルールに基づいたトラッド・スタイルに出会い、最初に買うなら、しっかりとしたコットン素材のオックスフォード生地を！　と熱い気持ちで手に入れました。当時レディスでは正統派のボタンダウンが見当たらず、アメリカ製でメンズのXSサイズを購入。大きめでダブダブだったけれど、憧れのシャツを身につけている嬉しさで、着るたびに気分が高揚したものでした。

それからは自分に合う一枚を追い求め、本格仕様のレディスをメーカーに別注したり、軽やかなイタリアンリネンのプルオーバー型を着てみたり。デザインや素材は少しずつ変化しながらも、30年以上着続けているアイテムは、白シャツ以外にありません。

50代になって白シャツから少し遠ざかっていた時期がありました。あんなに気に入って着ていたのに、朝、鏡を見たら、なんだかしっくりこなくて慌てて着替えることがしばしば……。そこで「今の私に似合う一着とは?」と冷静に考えてみたところ、年相応の大人っぽさを保つことのできる辛口な要素が必須で、パリッと着こなせる〝ハリ感〟のある生地が大事だという答えにたどり着きました。〝抜け感〟が生まれるように、オーバーサイズ気味で着るのも今の気分。やや襟を抜いて、デコルテがきれいに見えるところまでボタンを開けたら、2、3回袖をまくって手首を出します。年齢を重ねて少し肉の落ちてきた首・肩・手首の節を効果的に見せることにより、着やせ感がアップ。10年ほど前に買って以来、クロゼットの中で眠らせていたユニセックスのシャツも引っ張り出してみたらぴったりで、最近よく着ています。

ほどよいゆとりとハリ感で、気になる体の丸みは出さない、というのが今の自分にとって理想の白シャツ。自分らしい一枚を見つけて颯爽と着こなせたら、この先、格好よく年を重ねられるかも。白髪やシワが刻まれても、清潔感のある白シャツが似合う大人、というのが私の究極の憧れです。

ほどよいハリ感のあるリネンオックスフォード生地のボタンダウンシャツは、気に入って買ったものの当時は似合わず眠らせていた「ヴァイオレット，バッファロー ワロウズ」。同じくリネン素材のグレンチェック柄ワイドパンツは「ミシェル ボードアン」のもの。足元から白いソックスをのぞかせてシャツとリンクさせた。ベルトと靴はエナメルにして華やかさを添えて。

〝バンドカラー〟は新たな暮らしの必需品

ベージュのバンドカラーはワークテイストと上品さを兼ね備えた大人におすすめの一枚。アクセントになる黒のロンドンストライプとともに「ハンドルームウィメンズ」のもの。透明感のある白のイタリアンリネンは「ガーデンズ オブ パラダイス」。

コロナ禍以降によく着るようになったバンドカラーシャツ。その理由のひとつは、マスクが必須の世の中になり、顔半分が覆い隠されるようになったから。バンド＝帯、すなわち台襟部分だけのシャツは首元がすっきりと見え、マスク顔との相性がとてもよいのです。ジャケットやコートと組み合わせても、襟同士がけんかしないのもいいところ。ネックレスやスカーフもすんなりと受け入れてくれるから、小物が主役の着こなしだって簡単に完成します。数年前まではレギュラーカラーやボタンダウンしか持っていなかった私ですが、ここ最近はバンドカラーがワードローブの上位を占めつつあります。

昔、ヨーロッパで労働着として着られていたという襟羽根のないシャツ。日曜日の礼拝のときだけ、特別に付け襟を加えて着ていたのだと教えてもらいました。もともと働くためのデザインとして生まれたわけで、どうりで着心地がラクで動きやすいのだと、あらためて実感しました。

毎日何げなく着ているもののルーツや意味を知ると〝服を着る〟ということが、より広い意味で楽しくなる気がします。コーディネートに変化が生まれるバンドカラーは、新しい生活様式の中で見つけることができた新しいバランス。これから長くつきあっていける一枚として、頼もしい存在です。

大好きなシャツをより長く楽しめるように

起きてから、洗いたてのシャツに袖を通す瞬間。それは朝の儀式のようで気持ちがしゃんと引き締まり、とてもすがすがしいもの。肌ざわりがよく洗濯機でザブザブ洗えるシャツは、できることなら年中着ていたいアイテムです。でも「しゃんとして、すがすがしい」と思えていたのに、秋が深まるころには「スースーして寒い！」に変わります。以前はそう感じる時季から、シャツに替わってハイゲージニットに衣替えしていました。ですが、最近は仕分け洗いが面倒に感じられてしまって。洗濯機のデリケートコースで洗い、平干しをする……できれば洗濯回数を減らしていきたいのが本音です。

では寒い時季に、どのようにシャツを着るのか？　以前よく着ていたシャツはジャストサイズのものが大多数で、秋冬は薄手ニットにバトンタッチするしかありませんでした。最近ではややオーバーサイズ気味のシャツを好んで着るようになったため、下にタートルネックのカットソーを着ても、ほどよいゆとりがあるから窮屈には感じません。以前よりラフな着方を好むようになった恩恵で、シャツの寒さ対策も自然と叶ったというわけ。シャツにタートルネックセーターを格好よく合わせていた憧れのキャサリン・ヘプバーンのようなイメージで、颯爽と着こなしてみたいものです。

ベージュ地に細ストライプが効いた「ハンドルームウィメンズ」のシャツは、ゆったりとしたサイズ感。中に着たカットソーは「ヌーヴェル デュ パラディ」。秋冬はタートルネックを下に着るとコットン素材でも暖か。

ロングシャツもワードローブに仲間入り

ここ数年で新たに私のワードローブに加わったロングシャツ。それまで、何事も白黒つけたい（？）タイプの私にとって、ロングシャツの位置づけが「シャツ？　ワンピース？　どっちなの⁉」と今ひとつピンとこなくて、積極的に試すことがないまま過ごしていました。

そんなとき、ヨーロッパ古着が好きな夫からプレゼントされたロングシャツを着てみたところ「あら、いい！」と素直に思えて。ふんわりとしたシルエットのロングシャツはもたついて見えそうで苦手だったけれど、その古着のシャツはサイドのスリットが深くてクールな印象、かつ、とってもラクな着心地で「これはいいな」とすぐに気に入りました。

嬉しいことに、ボトムとの組み合わせにも新たな発見が。手持ちのテーパードパンツやワイドパンツも、ロングシャツを合わせるとひざ下しか見えないので、何だかいつもと違うパンツのようで新鮮に感じます。もともと、シャツなのかワンピースなのかはっきりしないところが食わず嫌いの理由でしたが、今はその境界の曖昧さがとても気に入っています。パンツを合わせたり、はたまたスカートを合わせたり、時にはワンピースに重ねてロング丈同士のバランスにしてみたりと、自由に楽しんでいます。

気に入った形をベースに企画したロングシャツ。同じデザインでも生地や柄が異なると、まったく違った印象になる。マルチストライプはハリのあるコットン素材、黒の無地はしなやかなウール混のコットン、クリーム色は染めを施していないオーガニックコットンならではのやさしい色合いが特徴。すべて「ハンドルームウィメンズ」のもの。

これさえあれば、3種のパンツ

洋服を着るときに気をつけているのは、細部だけではなく全身のバランスを見るということ。お店のフィッティングルームでパンツを試されている方に「いかがですか？」とお声がけすると、ほとんどの方は鏡の前に立たれて「うーん……」という顔をされます。おそらくですが鏡に近すぎて、似合っているのかどうかわからない、といった様子です。そこで、鏡から2～3メートル下がっていただき、もう一度同じようにお尋ねすると「いいですね！」「ほかのサイズも試してみたい」と、具体的なご意見がどんどん出てきて、私たちスタッフもあれこれおすすめしながら楽しく接客させていただくことができます。パンツはとりわけ全体のシルエットを左右するので、普段から「寄り」と「引き」の両方で確認するように心がけています。

私は腰骨が張っていてお腹まわりも気になるので、最近はラクにはける太めのパンツを愛用していますが、着こなしに変化をつけられるように3種類を基本のパンツとして揃えています。

まずは「I」ラインを作るワイドストレート。上半身と下半身を同じぐらいの量感に見せたいときには、太めのストレートパンツを選びます。全身のシルエットがアルファベットの「I」になるようイメージして。センタープレスが施されていると、脚をよりまっすぐに見せてくれる効果が。

次に「逆三角形」シルエットを作るテーパードパンツ。腰まわりにはほどよいゆとりがあり、足首に向かって細くなっているデザイン。ゆったりとしたトップスを合わせると全身が「逆三角形」になり、下半身をすっきりと見せることができます。

そして安定感のある「三角形」を作るキュロットパンツ。上半身はコンパクトなトップスですっきりとさせ、下半身にボリュームを持たせた「三角形」の女性らしさが漂うシルエット。スカートのようなキュロットは気になる腰まわりもカバーしてくれ、足首がのぞくことで軽快な印象にまとまります。

パンツはつい同じような形を選びがちですが、タイプ違いを意識して選ぶようにすると、想像以上にイメージが変わります。まずはお気に入りのお店でパンツだけに集中し、数種類試してみるというのもいいかもしれませんね。

ワイドストレートパンツは「ハンドルームウィメンズ」。シャツとパンツを白でまとめ、バニラ色のカーディガンからダークベージュの靴へとつなげてやさしいグラデーションに。

2 「ミシェル ボードアン」のグレーのキュロットパンツを、「ニコルソン アンド ニコルソン」の黒い襟つきのリブニットと。足元には白いひも靴で明るさをプラスして。

1 すっきりとした「ハバーサック」のテーパードパンツ。シャツをボトムインしてキリリと。トラディショナルなモスグリーンの大判バンダナを首元に巻いてポイントに。

お気に入りの ザ・王道 セーター

薄手ニットを着る機会は少なくなったけれど、反対に子どものころに着ていたような〝ザ・王道セーター〟ともいえる厚手ニットが増えてきました。私の住む山陰地方の冬は湿度のある独特の寒さで、鉛のような鈍いグレーの空が冬の間ずっと続きます。東京へ出張し始めたころは、山陰とは違うまぶしい青空と、カラリと乾いた空気の刺すような寒さに驚いていました。ほの暗い冬に慣れている私には、東京の日差しは強烈で、今でも渋谷の街を歩くたびに「目が開けられないー（笑）」と身をもって気候の違いを感じています。

寒さの質は違えども、年々寒暖差に弱くなっている自分にはどちらの冬もつらいもの。寒い朝、自然と手にするのはしっかりとしたブリティッシュニット。一見ゴツッとして見えるのに、着てみると軽くてふんわり暖かい。冬の湿度を感じる山陰に住んでいるからこそ、英国羊毛の持つ吸湿・放湿性の高さも気に入っています。しかも型くずれもしにくく、お手入れしやすいすぐれもの。若いころに買ったイギリス製「インバーアラン」のカーディガンも、四半世紀以上着ているのに今もなお美しい形を保っています。世界で生産される羊毛のわずか3％ほどの希少なブリティッシュウール。イギリスのグランパが着ているような、渋いデザインが多いことも好きな理由です。

ざっくりとした「ニコルソン アンド ニコルソン」のセーターからブルーストライプのバンドカラーシャツをチラリとのぞかせて。下半身はボリュームを抑えた「ミシェル ボードアン」のタイトスカートとオフホワイトのソックスで軽やかに。

冬の海に映えるホワイトコーデ。量感のある「マカラスター」のタートルネックセーターと起毛素材で作られた「スティアンコル」のワイドパンツで暖かに。かごバッグに大判ストールを入れた、冬のマリンスタイル。

コートで
備えよ

カシミヤ100%のやさしいぬくもりに包まれるチェスターコートは「ハンドルームウィメンズ」。上質な素材感を引き立てる計算されたシンプルデザインと、軽やかな着心地が特徴。

ふと振り返ってみると、今までの人生は決して順風満帆といえるものではなかったように思います。平穏な日々を望んでいたのに、越えられないような大波小波が10年に一度は、なぜか私のもとにやってくる。若いころはその波に対してあまりにも無防備すぎて、痛い目にあったことも……。まだ30代で東京に住んでいたころ、百貨店のボーイスカウトコーナーに貼ってあった「備えよ常に」というスローガンが目に飛び込んできました。まるで自分へのメッセージのような気がして、そっくりそのまま座右の銘として心に留めるようになりました。

閑話休題。前置きが長くなりましたが、冬の悪天候や厳しい寒さとは、人生における大波小波のようなもの。それはたとえるなら、雪の降る寒い日にコートをはおらずに出かけるようなもの！　その寒さから身を守ってくれるコートがあれば、人として最低限の幸せは保障されているような気がします。「備えよ常に」という言葉どおり、見た目も着心地も満足できて、どんな場面であっても自分らしく過ごせるように、これという一枚を吟味してクロゼットに備えておきたいもの。

冬はコートが主役。多少値が張ってもクオリティを重視して、上質なものを頑張って手に入れたら、その分長く愛用できるはず。とびきりの一着があると、寒い日の重たい気持ちも軽やかに変えてくれると信じています。

私が愛用しているのは、普段はもちろん、あらたまった席にも活躍するカシミヤ素材のチェスターコート。グレーはよく着る黒や白のアイテムにも合わせやすい、上品な中間色。年齢を重ねてからは気を張るおしゃれや重たい着心地は負担に感じるようになったけれど、肩まわりがゆったりとしたドロップショルダーのデザインなら、きちんと感があっても窮屈にならず、厚手のざっくりセーターの上からでもきれいにはおることができます。

カジュアルな気分の日にはロング丈のダッフルコートを。学生時代から憧れていたトラッドの象徴ともいえるダッフルですが、大人になってからやっと似合うようになった気がします。気に入っているのはボリューム感のあるオーバーサイズのロング丈。その昔ベルギーの漁師や英国海軍が着ていたように、男っぽく格好よく着こなしたいと思っています。三重構造でふくらみを持たせたヘリンボーン織りの生地は重厚だけれど、着てみるとふんわりと軽やか。私をやさしく包み込んで冬の寒さから守ってくれるコートです。

ロング丈のダッフルコートは、大人の女性にこそ似合うバランス。「ハンドルームウィメンズ」の一着は、素材だけでなく、キャメルの色合いからもぬくもりが伝わってくる。

Tシャツを
ブラウスのように

2

1　首元にニュアンスを与えてくれるボトルネックのTシャツ。手元は折り返すと白がのぞく配色のデザイン。ネイビーのTシャツにグレーのスカートを合わせ、女性らしく。

2　グレーのスクエアネックTシャツは、幅広シルエットが映えるハリのある生地感。ネイビーはUネックの形で、微光沢のなめらかな質感が上品。ともに「ハンドルームウィメンズ」。

大人になってハードルが高くなったアイテムは、ずばりTシャツです。ロゴTやピタTなど、若いころは当たり前のように着ていたのに、いつの間にかTシャツはインナーとしてしか着なくなっていました。若さで着こなす時代に別れを告げて以来、シャツばかりを着るようになったけれど、おしゃれのTPOを考えるとやっぱりTシャツは必要不可欠なもの。

伸縮性があってラクな着心地がTシャツのよいところだとしたら、それゆえに体の肉感も拾ってしまうのが嬉しくないところ。その大人のTシャツ問題を解決するために、気をつけているのはサイズ感。年齢を重ねると、Tシャツは少し体が泳ぐくらいのものを選ぶと安心。休日にはよくイージーパンツにTシャツで過ごしますが、サイズが大きめだとゆったりとボトムにインできるので、ブラウス感覚で着こなすことができます。そしてもうひとつ気をつけたいのが生地感です。やわらかすぎる素材はともすると部屋着のようにくたびれて見えてしまうので、少し光沢やハリがあるものが理想です。

堂々と一枚で着られる上質なTシャツは、まるでブラウスのような働きをしてくれるすぐれもの。そう思うと、多少お値段が張っても案外コスパがよかったりするものだな、と日々実感しています。

ボーダーは
ぐっと大きく

フランス製のボーダーカットソーはワードローブのスタメンとして、いつもクロゼットに鎮座しています。その時々でファッションの志向が変わっても、白地にブルーのボーダー柄は私のおしゃれに寄り添ってくれる普遍的な存在。フランスに憧れた青春時代、古い映画や音楽から多大な影響を受けた私の頭の片隅には、フランスといえばボーダーという図式が刷り込まれています。ボーダーを着るという行為は、そのままそのころ夢中になったカルチャーの思い出へとつながり、今でも一種独特の高揚感を生むのです。脱ぐときに脱臼しそうになるくらいピタッとしたサイズがおしゃれに感じられ、好んで着ていたあの若かりしころは、マリンパンツと合わせてパリジェンヌを気取っていました。でも実際にパリの街を訪れると、ボーダーを着ている人にはお目にかかれなかったのですが……(笑)。

最近のお気に入りはメンズのLサイズ。ぐっと大きなサイズ感はパンツに裾をインしたりアウトにしたりすることで、まったく別物になる変幻自在のバランスが気に入っています。リラックス感とビッグシルエットの大人っぽさも今の気分。ブルーのボーダーにこだわりつつ、選ぶサイズ感は変えながら、いつも新鮮な着方を探しています。

立体感と厚みのあるラッセル編みのボーダーカットソーは、フランスの老舗「ルミノア」のもの。仏海軍のユニフォームを手がけていたころのアーカイブデザインで、腕を動かしやすい袖の太さが特徴。メンズのＬサイズで、新鮮なバランスに。

ワンピースをちょっと辛口に着る

コーディネートいらずのワンピースは、パッと着るだけでおしゃれが決まるすぐれもの。家事でバタバタして何も考えられないという時間のない朝、自然と手が伸びるのは、数秒で身じたくが完成するワンピース。レストランでの食事会や演奏会などのお出かけに、いつものシャツとパンツでは少しもの足りないな、と思うときに、女性らしさを添えてくれる心強いアイテムでもあります。

普段着ているのはコットンやリネンなど天然素材のもの。トラディショナルな佇まいで華やかになりすぎず、ちょうどいい感じに着映えするシンプルなものがお気に入りです。

ワンピースの利点が「一枚でコーディネートが完成するところ」だとしたらその反対は「着こなしがいつも単調になってしまう」ということでしょうか。とっておきの一枚だからこそ、できればたくさんの着こなしを楽しみたいもの。女性らしさが増すワンピースに、時にはあえて、ワイドパンツを合わせて辛口に着てみたり。甘・辛のバランスに思い切り振り幅を持たせて楽しめるのも、最近気がついた魅力のひとつ。時短でおしゃれ上級者に見えるワンピースは、これからも忙しい朝を助けてくれる私の相棒です。

1

2

1 ライトグレーのVネックワンピースは「ハンドルームウィメンズ」でシルク混のコットン素材。ウエストを絞らず直線的なラインで見せ、黒のパンツと小物で引き締めた辛口スタイル。

2 同じワンピースを今度はフェミニンに。ウエストのリボンはサイドで結び、甘くなりすぎないように。小さなかごバッグとアンクルストラップのヒールサンダルで華奢な印象をプラス。

風になびく軽やかなカディコットン。濃紺のピンタックドレスと、ネイビーとホワイトを色違いで持っているマキシ丈のスカートは『カディ アンド コー』。白いロングシャツはインドの空港で買ったもの。

素材選びの地図が変わった

薄手コットンのスカートを試着した瞬間、今まで感じたことがないほどの軽やかさに驚きました。それはまるで肌が呼吸をしているかのような感じ。気をよくした私は、鏡の前でクルリと一回転。すると体の動きから1〜2秒ほど遅れて布がふんわりと追いかけてきます。そのさまがなんとも優雅なこと！

それはチャルカと呼ばれる糸車を回して手紡ぎされた繊細な糸を、熟練の職人がていねいに織り上げた〝カディ〟という生地なのだと知りました。繊維の間に空気が含まれることにより夏は涼しく冬は暖かく感じられるそう。さらさらと快適な着用感は年々暑さを増す夏にぴったり。カディに出会ったらほかの素材は着られなくなる、という声をよく聞きますが、確かにその着心地はうっとりするほど魅力的なものでした。

そしてカシミヤのニット。まだ若かったころに洋服業界の先輩たちがこぞってそのよさを教えてくれたけれど、当時の自分には贅沢な気がして、遠い存在でした。マイ・ファースト・カシミヤとなったのは、10年ほど前にお店のスタッフと清水の舞台から飛び降りるような気持ちで買ったストール。実際に使って初めてわかったそのやさしいぬくもりに、これがカシミヤなんだ、

と感動しました。そんなこともあって、お店でもカシミヤニットを扱えたらと考えていたところ、イギリスのニットメーカー「タラ ミルズ」に出会い、好みの形で別注できることに。自分が好きな色を糸見本から何色か選び、首が詰まりすぎていないオフタートルのデザインを、ドキドキしながら発注。そうしてでき上がった特別なニットがはるばる海を越えて手元に無事届いたときには思わず「よく来たね〜」と心の中で話しかけていました。別注した全色欲しかったのですが、悩み抜いて自分用に選んだのはオフホワイトとライトブラウン。思わず2枚買いしてしまったのですが、それが大正解！ 毎日のように交互に着ていたので、着る回数で割ると1年で元が取れたと思います。いつも寒い時季はつらい肩凝りに悩まされますが、その冬はカシミヤの軽やかなぬくもりのおかげで、とてもラクに過ごすことができました。

カディやカシミヤを着た日はバタバタと忙しく過ごしていても、「あ〜着心地最高！」と何度も心の中でつぶやいています。そんなときはきっと、自然と笑みがこぼれて嬉しそうな顔になっていると思います。いつもよりワンランク上の素材に出会えたことで、素材選びの地図が変わり、気持ちとおしゃれがより深く結びついた気がしています。

ほどよいボリューム感でカシミヤのぬくもりを贅沢に感じられる「タラ ミルズ」のニット。まろやかなオフホワイトが顔映りをやさしくしてくれる。

今こそ ちょっとの きらめきを

新型コロナウイルスの感染拡大によって、買いつけのための出張や全国の百貨店イベントに出かけられなくなったことをきっかけに、これまでずっとできなかった〝働き方改革〟を思い切って進めてみることにしました。長年忙しさを理由に犠牲にしてきた「自分や家族のために暮らしを整える」こと、つまり料理や掃除に向き合う時間を確保し、文化的かつ健康的に日々を過ごすことがいちばんの目的です。

〝改革〟というぐらいですから、中途半端なものではありません。残業は極力減らし、コロナ禍が続く今の就業時間は朝9時〜夜6時で、土日はお休みという洋服屋らしからぬ勤務体制にしたことで、ついに憧れだった〝普通の暮らし〟を手に入れることができました。

それまでは帰宅時間も遅く、夕食は家事代行サービスや外食に頼るしかありませんでした。休日くらいにしか料理をすることができなかったけれど、今ではお弁当も含めて毎日3食作っています。

そんな日々を送る中、仕事中にパソコンのキーボードを打ちながらふと手を見ると、なんだか節が太くなりシワも増えてきた感じ……。毎日家事をこなしているからこその「働く手」に変わってきたような気がしました。それはこの数年、真面目に暮らしに向き合ってきた証しのようにも思えます。

毎朝私の職場では掃除が終わったあと、事務所で朝礼をします。ある日、ノートを開くスタッフの手元に輝くリングやブレスレットがとても素敵で、自然と目がいくように。毎日仕事だけではなく家事にも向き合っている今だからこそ、私も日常で身につけられる自分らしいジュエリーが欲しいと思うようになりました。華美なものではなく、働く手に勲章のように小さく輝くきらめきが。

ひと目で恋に落ちたのは、うるうるとした輝きを放つローズカットのダイヤモンドリングでした。「アオ ジュエリー」の小林マユさんの作るそれは、ジュエリーだけが目立ちすぎるのではなく、身につける人やまとっている服が調和し、ひとつひとつが呼応するようなシンプルで美しいデザイン。仕事が立て込んでいて余裕がないときでも、手元が視界に入るたびに嬉しい気持ちになるジュエリーのパワーに日々助けられています。


薬指にはローズカットのダイヤモンドがぐるりと1周取り巻くエタニティリングを。小指にはゴールドのシンプルなリングを連ねて、洗いざらしのシャツとのコーディネートを楽しむ。

インナーの細分化が始まった

40歳を過ぎたころから温度や湿度の変化に敏感になり、インナーを吟味して揃えるようになりました。続けて翌日も着たいけれど洗濯が間に合わないものはスペア買いをして、同じ色を2～3枚ずつ持つように。気温や天候によって素材を変え、洋服の色に合わせられるように白と黒、時にはチャコールがあると困りません。形はタンクトップと長袖Tシャツがあれば十分と考

軽やかなカディのスカートとグルカサンダルを合わせた初夏のスタイル。冷えを感じやすい足首にはおしゃれと実用を兼ねた「ウブデテアテ」のカシミヤレッグウォーマーを。

えていました。

ところが最近、急変する天候に体がびっくりして、心がついていけない日が多くなりました。自分の免疫力も落ちたのか、わずかな気温の変動も不快に感じるように。寒さを我慢すると血行が悪くなって顔色がさえなかったり、暑いのを我慢すると心臓がドキドキして滝のような汗をかいたり。体の具合を整えるため何かよい方法がないかと考えたのが、インナーの細分化です。

たとえば春夏、タンクトップ以外にもフレンチスリーブなど袖丈のバリエーションを増やし、冬に着るメリノウールの長袖は春と秋には暑く感じることもあったので、同じ素材の半袖も買い足しました。特に私は下半身の冷えが気になるので、ペチパンツやレギンスも必需品。半袖を着るような暑い日に、なぜか足首だけ妙に冷えてしまうときにはカシミヤのレッグウォーマーを。足首だけ温泉に浸かっているような、うっとりする心地よさで、買ってよかったとしみじみ思えるものでした。

インナーは心と体、そして洋服をつないでくれる大切なもの。快適さと機能性も重要ですが、ふとした拍子にチラリとのぞいてもおしゃれに見える、というのも大事なポイントかな、と思っています。

3 薄手スーピマコットンのタンクトップ。下着の肩ひもがのぞかない広めの幅。前後どちらでも着られる2ウェイ仕様。

4 メリノウールの長袖カットソーもデンマークブランド「ヨハ」のもの。秋から冬、春にかけて長く着ることができるサラリとした着心地。

1 スーピマコットン素材の「ファブリケ アン プラネテール」は肌寒い春先に。深いオーバルネックと八分袖でシャツからのぞかない。

2 「ヨハ」のメリノウール素材の半袖カットソーは、秋口のシャツやニットのインナーに。吸湿・放湿性を持ち体温を一定に保つ。

7 「ガーデンズ オブ パラダイス」のコットンリネン素材のペチパンツ。透け防止だけでなく、夏の冷えからも守ってくれる。

8 「ウブデテアテ」のカシミヤ100%のレッグウォーマー。ほどよい薄さは春から夏にかけての軽やかに見せたいシーズンにぴったり。

5 薄手スーピマコットンのフレンチスリーブは「ファブリケ アン プラネテール」。フレンチ袖は大切な衣類を守る汗止めとしても。

6 メリノウール素材のレギンス。締めつけがなくやさしいはき心地が特徴。万能な黒のほか白いボトム用のオフホワイトも重宝。

頑張りすぎず、目にもやさしいカラーレンズ

紫外線対策として、最近は目にも気を使うようになりました。強い日差しを浴びるとたまに頭が痛くなるので、車を運転するときにはサングラスをかけています。年齢的に白内障なども気になり、予防のためにも必需品です。

手持ちのサングラスは大ぶりのデザインが気に入って買ったものではあるのですが、時に威圧感を与えてしまうのが悩みの種。近所のスーパーマーケットなどにかけたまま入ってしまうと、いかにも格好つけているようで、気恥ずかしい思いをしたことも……。もう少し気軽にかけられるものがあればいいな、と思っていた矢先、たまたまテレビで某ミュージシャンの方がかけていたカラーレンズの眼鏡を見て、私も欲しい！　と思いました。

ちょうど以前、長野・松本を旅したときにオーダーメイドで作った「犬飼眼鏡枠」のフレームがたんすに眠っていたのを思い出し、それを生かすべく、さっそくカラーレンズを入れました。サングラスと眼鏡の中間のような薄い色のついた眼鏡は大げさではなく控えめで、普段の暮らしにちょうどいい感じ。これなら車から降りてはずさずとも、かけっぱなしで歩いても大丈夫。頑張りすぎず、目にやさしいカラーレンズが私の新しい必需品となりました。大ぶりのサングラスは長距離の運転用として今も愛用しています。

顔のパーツを計測して作られる「犬飼眼鏡枠」のフレームは、ノーストレスでかけ心地の良いバランス。旅先でオーダーしたというのも思い出深い一品。

靴は費用対効果で履き分ける

ノーズが丸く、ボリューム感のあるフォルムが特徴の「ジェイエムウエストン」の“ゴルフ”。キルトは取りはずし可能でシンプルなひも靴として楽しむこともできる。

若かりしころ、雑誌で見かけた「ジェイエムウエストン」の〝ゴルフ〟という名の甲にキルトがついた革靴。ベーシックな服にこの一足を合わせると、憧れの〝B.C.B.G.《ベーセーベージェー》〟(bon chic bon genre=パリの上流階級的なシックで趣味のよいスタイル)のフレンチトラッドが完成するように思えて「必ず手に入れて帰る」というのが初めてのパリ行きの目標でした。シャンゼリゼ通り店の大きなソファに座り、茶色と黒を試してみると、困ったことにどちらも素敵。デタックス(免税)もあるし、と自分に言い訳をしながらその2足を手に入れました。シューキーパーも一緒に買い、重さも金額も大きな買い物になったけれど、パリの想い出とともに意気揚々と帰国したのはもう28年前のこと。お直しをしながら、いまだ現役で履き続けている大切な靴です。

私自身のおしゃれの変遷を思い起こしてみると、常にトラッドが基本にありながらも、20代は大好きな音楽を意識したサブカルチャー的なスタイル、30代半ばは人生で最も女性らしさを意識した〝盛る〟着こなしをしていました。でも年齢や体調の変化、そして独立をして仕事への向き合い方が激変した40代の入り口。より自分らしさを模索していくうち、生足にヒールのパンプスを履くような華やかなおしゃれには少しずつ違和感を覚えるように。そんなとき、久しぶりに足を入れた「ウエストン」はとても安定感があり、しっかりとした造りの靴がいちばんなのだとあらためて実感したのです。

でも高いヒールでスタイルよく見せることに慣れていた私には、まだボリュームのあるひも靴とのバランスの取り方が難しくて。そこで参考にしたのはメンズの雑誌。男性の顔だとピンとこないので、写真のモデルの顔を手で隠しながら、自分に当てはめてイメージ。笑ってしまうようなやり方ですが、なかなかこれがわかりやすくてとてもよい方法だと思いました。

かたやイギリス生まれの「クラウン」はスニーカーのように気軽に履ける靴。もともとダンスシューズとして作られているので、革のやわらかさが足の指の動きを妨げません。ドライビングシューズのようにラクに運転できるので、実家に帰るときにはお決まりのようにこの靴を選びます。スニーカーよりも華奢な作りで、メンズライクな洋服に女性らしさをプラスしてくれるのも嬉しいところ。こちらは懐にやさしいお値段なので、2~3年ごとに買い替えながら白と黒の2色を履き続けています。

高価な靴、お手頃な靴。どちらも私には愛着があり必要なもの。靴は費用対効果で使い分けています。

ボリュームのあるワイドパンツの足元などに軽やかさを演出してくれる「クラウン」のダンスシューズ。スニーカーのようにラクに履けて、スニーカーよりも華奢な印象。ラバーの靴底は天候を気にせず履けるため、雨の日にも重宝。

ブラック
フォーマルを
見直す

大切な人とお別れをする厳かな喪の席。そんなとき、久しぶりに着た自分の喪服がなんだか似合わないようで、気になってしまった経験はありませんか？　以前、法要で喪服を着たところ、私が「あれ？」と思ったのは、ワンピースの丈の短さでした。買ったときには普通に着ていたのに、それから10年近くたつと体型や好みも変わるのか、似合わなくなっていて愕然とした経験があります。それからは仕事で東京へ行くたび、百貨店のブラックフォーマルコーナーをこまめにのぞくようにしていましたが、私の欲しいロング丈のワンピースにはなかなか出会えません。そこで、自分が着たいと思うフォーマルワンピースを企画して作りました。私の喪服問題はこれで解決、と安心していたのですが……それから2～3年後に着てみると、ちょうどよかったはずの丈がまたもや短く感じて。数年の間に似合う丈が変わることにわれながら驚き、さらに10センチ長い丈も追加で作ることにしたのです。

年相応のエレガントさと控えめな美しさを持つロング丈のブラックフォーマルワンピース。喪の席では正座をする機会も多いので、長い丈なら足元が気にならずとても重宝しています。正喪服として着る場合はワンピースの上にジャケット。アクセサリーを着けるとしたらパールのネックレスとイヤリング。バッグは布製、靴はローヒールでなるべく光沢のないものを選びます。喪服の出番は急に訪れるもの。この経験を踏まえて、普段は着ない喪服こそ違和感を覚えないよう、年に一度は袖を通してチェックする習慣がつきました。定期的に見直しておくと、慌てず心を落ち着かせて静かにお見送りすることができます。

欲しかったブラックフォーマルを形にした「クレスピ」のセットアップ。
大人の喪服で大事なのは足元が目立ちすぎず、控えめで上品に見えること。

喪の席では正座をする場面のことも考えて。ウエストに切り替えのあるワンピースはお腹まわりが目立たないデザインで、美しく凜としたたたずまいに。

クロゼットと欲しいものを整理する

寝室のクロゼットには、そのシーズンに着るメインの服だけをハンガーにかけています。それ以外のアウターなどは別の部屋のウォークインクロゼットに収納し、季節が変わるたびに入れ替えます。たたんで収納する服は同じ棚を2つ並べて置き、春夏用と秋冬用に分けて使っています。

ウールのニットはシーズンの終わりにまとめて〝しまい洗い〟をし、棚を拭き上げ防虫剤を取り換えたら衣替え完了です。片づけながら、たくさん着たものや出番が少なかったものをチェックしていると「この季節あれがあったら」「あの色があれば」と足りなかったアイテムのリストが自然と浮かび上がってきます。それを忘れないよう頭の中にメモをして、次のシーズンの買い物計画を立てておくと、同じようなものを買うことを防いでくれ、本当に欲しいと思うものを入手することができるようになりました。

クロゼットの広さは限られているので、着ない服が交ざっていると、朝着たいものがサッと見つけられません。忙しい時間にストレスなくしたくができるよう、一軍だけのアイテムに絞り込み、物の数を一定数に保つようにしています。

今の自分にしっくりこなくなったものは似合いそうな知人に着てもらった

り、リユースに回したり。Tシャツなどは切ってウエスにして掃除に使ったりと、少しでも循環させられるように心がけています。最近は着ていないけれどいつか着るかも……と、処分に迷うようなものは、白い布に包んでコンパクトにしてから別の棚に移します。次に開けて見るのは半年から1年後、時には愛着を持って手に入れた洋服とお別れするための時間が必要な場合もあるので、無理せずしばらく寝かしてから決断することで気持ちがラクになりました。

クロゼットの衣替えは春の終わりと秋の初めの年2回。天気のよいカラリと晴れた日にエイヤ！　と重たい腰を上げ集中して片づけていくと、いつの間にか頭の中も爽快に晴れ渡っていきます。お店のように色やアイテム別に分け、物を選びやすいよう工夫したら、長年着ている服にもさらに愛着が湧くようになりました。

1

1　ハンガーにはそのシーズンに着るものだけを色別に並べて選びやすいように工夫。上段にはかごや箱を使って小物を収納。クロゼットを開けたときに気分が上がるよう、レコードジャケットを飾ってディスプレー。

2

2 同じ棚を2つ並べてカットソーやニットを収納。右側は春夏用のコットン素材のトップスやインナー、左側は秋冬用のウール素材のニット。

3 しばらく着ていない服は白い布に包み、ほかの場所に保管している。

3

時には
新しい自分に出会える
アイテムを

「ミシェル ボードアン」に別注して作ったリバティプリントのワンピース。ロマンチックな小花柄でありながら、シャープなVネックのデザインで、大人が着られる甘辛なバランスに。

定期的にクロゼットの整理をしていると、あらためて自分の好みに気づかされます。トラッド好きな私がよく着る柄といえば、ボーダー、ストライプ、チェックの三択。

ところが、時間にゆとりができて、これまで以上に暮らしの中で花に触れる機会が増えたからでしょうか。〝エマ・アンド・ジョージーナ〟と名づけられたブルーの小花柄が持つロマンチックな雰囲気に心惹かれ、私のワードローブに初めてリバティプリントのワンピースを迎えることになりました。その甘さゆえ、自分には似合わないと思い込んでいたのですが、袖を通した瞬間からその色柄の美しさに心躍り、ウキウキとつま先立ちしたいような気分に！　コットン素材でありながらドレスのような存在感があり、クロゼットを開けるたびに華やいだ気持ちになる、特別な一着です。

いつも着慣れている服とは少し違った気分になるアイテムをプラスしてみると、新しい自分に出会えたようで新鮮な気持ちになり、心も弾みます。思い込みをいったん手放し、実用一辺倒の考えから離れて、着たことのない新しいものを取り入れてみる。それは、今日の私から明日の私へのちょっとした進化も感じられて、思った以上に楽しい体験なのです。

捨てずに循環させる

昨年、実家の片づけをしていたら20代のころに着ていたメンズのサックスブルーのクレリックシャツが出てきました。その存在さえすっかり忘れていたのに、欲しかったシャツを旅先で見つけ、嬉しく買って帰ったことまで鮮明に思い出しました。今の私より夫のほうが似合うかも、と持ち帰ったところサイズもぴったりで本人も気に入った様子。四半世紀ぶりによみがえったシャツが、着る人は変われど今また現役で活躍しています。

ある朝、出勤する夫を見送ると、なんだか見覚えのあるネイビーのストライプパンツをはいているではないですか！　それは私のサイズに合わなくなって処分しようと思い、ひもでくくって玄関先に置いていたものでした。夫曰く「玄関で拾った」と得意顔。レディスのものなのにサイズもぴったりで、確かにとっても似合っている。私の着方は少しオーバーサイズ、反対に夫はジャストサイズが好みなので、身長差があっても同じサイズで共有できるものがたくさんあります。物を大事にする夫は、私の着なくなった服の中から似合いそうなものを選び出し、新しい命を吹き込んでいます。

印象的だったのは「エル・エル・ビーン」の大きなトートバッグのリメイク。知人が持っていた年季の入ったトートバッグが格好よく、それを私が譲り受け使っていましたが、さすがにくたびれてきたので処分しようとしたところ、夫が「捨てるなら俺にくれ」と言うのです。ボロボロのバッグが夫仕様のオンリーワンに生まれ変わり、再び新しい人生を歩んでいます。

私も捨てずに循環させたのは、裾に漂白剤のシミをつけてしまった黒いワンピース。愛用している薄手のスカートには裏地がなく、パンツを重ねばきしていましたがウエスト部分のダブつきが少々気になっていました。ふとシミがついたものの気に入って捨てられずにいたワンピースを思い出し、そのスカートの下に着てみると、透け感もお腹まわりの問題もすっきりと解決。

アイデア次第で物の命を延ばすことができるとわかったのは、創意工夫を得意とする夫の影響です。私が着ている古着のバーバリーコートは夫のもの。たまにクロゼットから勝手に拝借しています。メンズとレディスの境界や時代を超えておしゃれを循環させながら、新しい着方を取り入れていくのは、環境にもお財布にもやさしいことだと思います。

自転車乗りの夫は斜めがけできる大きなバッグが欲しかったようで、東急ハンズでレザーとハンドミシンを購入し、あっという間にトートバッグをショルダーバッグにリメイク。開閉部分にはスナップボタンをつけ、レザーの持ち手に刺しゅうも入れる凝りよう。

夫が着ているクレリックシャツは30年くらい前に自分用にと私が買ったもの。四半世紀ぶりに引っ張り出して、今また現役で活躍中。私が着ているのは夫のステンカラーコート。

Chapter 2

季節を味わわないと
あっという間に
1年が過ぎてしまう

冬

奥出雲にある実家の裏手に広がっている畑から山へと通じる場所。針葉樹と広葉樹に雪が積もると、景色はひと晩にして絵画のように一変する。

雪が降る前の匂い、というものがあるのかどうかはわかりませんが、中国山地の山あいで育った私はその匂いを肌で感じることがあります。雪がちらつき始める予感がするとソワソワして窓を開け、何回も空を見上げながら、初雪が降るのを心待ちにしています。山陰の冬は太陽が顔を出す日が少なく、薄暗く寒い日が続きますが、実は私はそんな冬が嫌いではありません。雪が降り積もると、見えるものはグレーと白だけのモノトーン。しんと静まり返ったその空間は、神秘的で崇高な美しさ。その景色に見入って空想にふける子ども時代を過ごした私は、内なる自分と向き合う癖がつきました。

「自分を静かに見つめ直す」という内省的な行為は、生まれ育った奥出雲の厳しい寒さの中で、行動が制限されていたからこそ培われたもの。自分と向き合うと、それまでぼんやりとしていた考えの輪郭がはっきりと浮かび上がり、何がしたいのか、その先が見えてくるように思います。

ひとたび太陽がのぞき、日が差すと景色は一転。粉雪はキラキラと光を反射し、ダイヤモンドのようにきらめき始める。雪が降り積もった木々の形は青い空にくっきりと白く浮かび上がり、まるで美しいタペストリーのよう。それはこの世のものとは思えないほどまぶしく美しい銀世界です。寒いのは苦手なのだけれど決して冬が嫌いではない理由は、いつもの風景とは違う、雪が見せてくれる白い世界が好きだから。すべてのものが眠っているような、静謐《せいひつ》な景色に心を奪われるのだと思います。

私にとって、冬は心の栄養を蓄えるとき。暖かな部屋で紅茶を飲みながら、次に訪れる春を心待ちにしています。

春

長い冬を経て梅が咲き、桃が咲いて少しずつ植物が芽吹き始めるころ。桜のつぼみも急にふくらみ始め、ひと雨ごとに春の気配が近づいてきます。重たいコートを脱いで出かけたくなる、ワクワクする春の到来です。

陽気に誘われ、動き出したくなるのは土の中の虫だけではなく私も同じこと。冬には家の中で過ごすことが多かった分、思い切り明るい光を味わいた

桜のころを境に、急に春めいて暖かく。花見はロングシャツと薄手のコート、温度調節ができるようかごの中には大判のリネンストールを忍ばせて。

い。でも暗さや寒さに慣れてしまった体は、急に訪れた春の明るさについていくことができず、時につらく感じることも。その心と体のギャップを埋めるためにも、お気に入りのシャツの上から薄手のコートやストールをはおり、積極的に外に出て春の光や空気を体の中に取り入れるようにしています。

私の頭の中にはその季節ごとに咲く花の〝花地図〟があり、それは近所の散歩ルートを歩くたびに更新され、新しく咲く花を見つけるたび、思わず「あ、咲いている!」と小走りで駆け寄ります。

花から花へと渡される季節のバトン。見える景色は1週間違うだけでもどんどん変わっていくから気を抜けません。季節の花が咲く、ということがなぜこんなにも人をワクワクさせるのか。それはきっとこの世界に新しい命が宿ったようで、力強いエネルギーを感じ取るからなのでしょう。

若葉がもえ、花が咲き、鳥のさえずりが知らせる春の訪れ。一気に花開く桜を愛でながら感じる生命の息吹。桜が潔く散るとまた季節が動き、緑のあふれるシーズンがやってくるのです。

夏

郵便はがき

おそれいりますが
63円切手を
お貼りください

104 8357

東京都中央区京橋3-5-7
主婦と生活社　暮らしとおしゃれ編集部

明日、ちょっといい私に出会えたら

愛読者係行

フリガナ
お名前

住所 〒

都・道
府・県

メールアドレス

生まれた年　　　　年　／　未婚・既婚（　　）年

職業　会社員　・　自営業　・　パート、アルバイト　・　主婦

よく読む雑誌

よく見るWebサイト、SNS

編集部からのお知らせをメールでお送りしてもよろしいですか？

はい　・　いいえ

●本書をお買い求めいただいた理由は何ですか?(複数回答可)

□板倉直子さんの本だから　□テーマがよかったから

□写真がよかったから　□表紙にひかれたから

□その他(　　　　　　　　　　　　　　　　　　　　　　　　)

●本書をお知りになったきっかけは何ですか?

□『大人になったら、着たい服』を見て　□書店で見て

□「暮らしとおしゃれの編集室」の Web、SNS を見て

□板倉直子さんや「Daja」の Web、SNSを見て

□その他(　　　　　　　　　　　　　　　　　　　　　　　　)

●本書の中でよかったページと、その理由をお教えください。

(　　　　)ページ

理由

(　　　　)ページ

理由

●本書を読んでのご感想、板倉直子さんへのメッセージがありましたらお書きください。

発売期間の都合上、みなさまからの個人情報は1年間保管させていただきます。ご了承ください。

1年で最も日が長く、夜が短い夏至のころ。本格的な夏の盛りへ向かう前に出かけたのは、緑あふれる初夏の大山《だいせん》。夏はいつもより早起きをして、朝のみずみずしい時間を味わいます。さわやかな空気に包まれた木立の中を散歩すると、自然と呼吸も深くなり、歩く速度もゆっくりと。湖では魚が跳ね、遠くのこずえでさえずる鳥の声が耳に届きます。夜のうちにたまった雨露がふとした拍子に私の肌をひんやりと濡らし、滝のまわりにはきめ細やかなミストが漂う、この何ともいえない心地よさ。歩いていくうちに自分もその風景と同化したような錯覚に陥ります。自然と一体となることで、季節を体全部で感じ「今、確かに、ここに生きている」と実感することができます。

10年ほど前の夏、手術をすることになりしばらく療養生活が始まる、という朝。何かしておきたいことはないかと考えたら、ふと海が見たくなりました。入院する時間から逆算すると時間がとれるのは早朝しかなく、それでもと出かけてみたら、まだ誰もいない清らかな海は思った以上に心地よく、不安な気持ちになっている私を癒してくれたのです。靴を脱いで海水に足を浸すと、冷たくてなんて気持ちのいいこと！ そのとき「次の夏は元気になって、早朝の海水浴を楽しもう」と心に誓いました。

おかげさまで無事元気になり、それからは毎年早朝の海で泳いでいます。朝、海に行った日は、暑い昼間は読書をしたり昼寝をしたりしてのんびり過ごします。夕暮れになったら早めに晩ごはんの用意を。リビングのテーブルをベランダに引っ張り出し、沈む夕日を見ながら冷たいスパークリングワインを飲むのが、これまた最高に贅沢な時間なのです。

風が通り抜けるゆったりとしたサイズ感のリネンシャツと、カディのロングスカートのホワイトコーデは夏の定番。竹かごを合わせて涼やかに。

秋

スコットランド製のニットは懐かしい雰囲気とボリューム感が魅力。ウールパンツとショートブーツを合わせ、秋に映える温かみのある装いに。

キンモクセイの甘い香りがすると、ひんやりとした風が吹き始め、いつの間にか秋の気配に包まれていることに気がつきます。日増しに木々は色づき始め、山々は暖色系の絵の具をちりばめた、暖かそうな彩りに。落ち葉をカサカサと蹴散らしながら闊歩《かっぽ》するのも秋の楽しみ。さあ、実りの秋、そして食欲の秋のはじまりです。

梨から始まって、イチジク、小粒の青ミカン、柿といった果物。きのこや里芋、そしてサンマに新米。好きなものが次から次へと出回るこの季節は、よく道の駅に買い物に行きます。

最近気に入っているのはピリリとした新ショウガで作るシンプルなショウガごはん。お米に昆布とたっぷりの針ショウガ、そこにほんの少し日本酒を加えて土鍋で炊き上げます。脂の乗った秋の味覚を、さっぱりとした味わいで引き立ててくれる名脇役です。

空も高く、沈む夕日がきれいな秋の夕暮れ。豊作を祝い感謝と祈りを捧げる秋祭りの太鼓の音が近くの神社から聴こえてくると、小さいころ家族総出で稲刈りをした記憶がついこの前のことのようによみがえります。米作りに精を出していた、今は亡き父の後ろ姿。刈り取られた稲を天日干しするために立てられたわが家の〝ハデ〟はとても高く、そこにたわわに実った稲穂がかけてある風景がとても誇らしかったことなどが懐かしく思い出されます。

これから寒さに向かう冬に備えて、体と心に栄養を。短くなる日を惜しみながら、植物の光合成さながらに、自然の中でなるべく光を浴びるようにしています。

暮らしの中に花を

季節を暮らしの中に取り入れる。そう意識したのはバタバタと忙しく過ごしていて、あっという間に1年が終わる日々を送っていたから。

洋服の仕入れや企画の仕事では、1年から半年前までに商品の発注を終えないと、タイミングよくお店に並べることはできません。それは、寒い冬に夏のアイテムをあれこれと考える、といった真逆の季節を先取りするということ。この仕事を何十年も続けていると、今は春？　秋？　あれれ？　と頭の中が混乱することもしばしば。四季の移ろいを感じられなくなると時の経過がぼんやりと薄れ、気がついたら1年が早く通り過ぎていました。

「もう今年も終わったね、早かったね、年々早くなるね」というのが年末の常とう句。そんなとき、通勤時に道端で咲く水仙をふと見つけ、今は立春なんだ、とハッとしました。

季節は花が教えてくれる。そう思ってまわりを見渡してみると、身近にある花や木々も輝いて見えてきました。今の時季にはこんな花が咲く、それを知ったことで四季の輪郭がはっきりとしてきて、めぐる季節を肌で感じられるように。それからは自宅のリビングやキッチンにもその時々の花を意識して飾り、暮らしの中に今の季節を取り入れるようにしています。

2

1

3

3　春を告げる黄色の花。実家のレンギョウと原種の水仙、友人にもらった水仙も。月桂樹の剪定枝を添えて。

2　6月が好きになったのはアジサイが咲くのが楽しみだから。咲く場所によって色合いが異なるのも魅力。

1　スッと伸びたカラーの花は修道女のような清らかさ。ボリューム感と高低差をつけてバランスを取る。

4 母が嫁ぐ前から畑の隅に咲いていたという原種の水仙のつぼみ。咲く前のぷっくりとした姿もかわいらしい。

5 晩秋から初冬にかけて咲くのは、鮮やかなピンク色の小菊。冬に向かう畑の最後の彩り。

6 シャクヤク、オオデマリ、マーガレット、紫露草、ビオラ、ミントなど、5月に咲き誇る花々をまとめて。

ここ数年、毎月1泊2日で実家へ帰るようになったら、昔からあったのに今まで気づかなかった植物や花の存在を知るようになりました。特に母が嫁ぐ前から咲いている原種の水仙や、亡くなった父が植えた見事なセイヨウシャクナゲなどはその花の盛りを見逃すことがないよう、母から開花情報やつぼみの状態を教えてもらっています。

私が小さかったころ、7人家族だったわが家の畑はなかなかの広さがありました。今は母一人なので作る野菜は食べきれる量だけにして、空いた場所には花を植えて楽しんでいるようです。母なりに工夫を凝らし、黄色いお花で畑に小道を作ったり、風で飛んできたビオラの種をあちこちに増やしたり。いつも帰ると何かしら芽吹いていて、様子を見るのがとても楽しみ。

台所のすぐ裏の畑にいる母と、窓越しにたわいない話をしながら料理をするのも楽しいひととき。シソやネギが足りなくなったらその場で母に摘んでもらい、数分で食卓へ。採りたての野菜は味が濃く、シンプルな料理でもびっくりするくらいおいしくでき上がります。翌朝は起きたらすぐに長靴を履いて畑に行き、花を摘んだら、その時々の季節を切り取ったかのような素朴なブーケが完成。お店で自宅で、私の毎日を明るく彩ってくれています。

器選びは洋服を選ぶ感覚で

クロゼットにある洋服と同じで、基本の器はまず白から揃えています。白といっても青っぽい白から乳白色、アイボリーがかったものまでさまざま。丸いお皿だけでなく、オーバルやスクエア、六角形や八角形なども取り入れると、食卓にリズムが生まれて楽しいイメージに。洋と和をミックスしても、白だけなら簡単にまとまります。

ここ最近増えてきたのは、今まであまり選ばなかった少し渋めの和食器。ピンときて手に入れたのはグリーンがかった深皿、その翌年にはほかのお店でこれまた深い緑の鉢と取り皿を。特に意識していなかったのに、同じような色合いの器が集まってきました。洋服でいうところのワントーンコーディネートですね。そこに質感の違う黒い木皿をプラスすると、とてもシックな食卓が完成します。

作家物からアンティーク、スタッキングできる業務用まで、気に入ったものだけを買っていたら、何を組み合わせてもすんなりとまとまるわが家らしい器が揃ってきたと思います。でも最初から失敗なく自分好みのものが見つけられたわけではありません。

以前、意気揚々と赴いた憧れの作家さんの個展の最終日、少ない品数の中で財布と相談して手に入れた花器でしたが、家に帰って眺めるとなんとなく違和感を覚えました。その方の作品が欲しいという気持ちが先走ってしまい、目の前の器と向き合わず、ナナメの気持ちから選んだことで本当に自分好みのものを選べなかったのだと思います。その失敗を心に留め、次からは、なるべく余計な情報は頭に入れず、そのものとだけ対峙《たいじ》して本当に欲しいかどうかを素直に自分に問いかけるようにして選ぶようになりました。

この失敗があったからこそ気づけた、自分らしい器選び。気に入ったものは長く使いたいので、器選びはいつも真剣勝負です。

1 手前から時計回りに。手前の十角皿はフランスのアンティーク、丸いリム皿は「ギリッツァー」、陶器の碗は大谷哲也さん作、長方形の角皿は伊藤環さん作、取っ手つきのボウルは出西窯、中央の大きな楕円皿は福岡で買った韓国の作家物。

2 グラスは北欧のヴィンテージから気兼ねなくスタッキングできる業務用までさまざま。だし汁が入っていたびんは花生けとして重宝。

2

1

3

4 割ってしまったり、縁が欠けてしまったりして残念に思うものも、金継ぎの修理に出すことでまた違う魅力をまとってよみがえる。

3 深いグリーンや鉄媒染の錆色のような濃いグレーが最近のお気に入り。左奥の重ねた小皿は岡澤悦子さん作、奥のスープ皿は「森脇製陶所」、中央に重ねた小鉢と手前の大鉢は地元松江の「オブジェクツ」で買った西持田窯のもの。右側の木の皿は藤原将史さん作。

4

モヤシ炒めだって
器次第

普段の食事作りに余裕がないとき、わが家のお助けメニューとして頻繁に登場するのは、モヤシ炒め。

あるとき、料理家の有元葉子さんの本を眺めていたらおいしそうなモヤシ炒めが載っていました。モヤシ炒めなんて料理の本を見て作るものではない、と、それまでは適当にちゃっちゃっと炒めて終わりでしたが、レシピどおりにきちんと手順を踏むと、これがなんと主菜になるくらいのおいしさ！　ごま油とニンニクの香り、塩だけのシンプルな味つけ。こんなときには必ずミネラル豊富でうまみのある天然の海塩を使います。仕上げに黒こしょうをひいたらもうお腹がぐ〜と鳴り始め、あとは食べるだけ。時間もかからずあっという間にでき上がるので、そのタイミングに合わせて冷凍ストックしているサケを焼き、おみそ汁を温めておきます。

こんな感じで、週に一度は胃腸を休めるためにもシンプルなメニューにするよう心がけています。質素なモヤシ炒めですが、コントラストのある黒い大皿に盛ることでよりおいしそうに見えてくるから不思議です。平日の夜は料理に手間をかけない分、少し大ぶりなお皿でごちそう感を出すというのもアリだと思います。

塩むすびは食べやすくてかわいらしい丸型が好き。
いつも冷凍ストックしているサケとキュウリの浅漬けがあれば安心。仕事を終えて帰ってからでもモヤシ炒めをささっと作れば、夕食が即完成。

シンプルごはんのときには大きなお皿で見栄えよく。時にはレストランを真似たテーブルセッティングを楽しんで。お箸は「市原平兵衛商店」、カトラリーは「カイ・ボイスン」を愛用。

簡単ピクニックも楽し

1

自由に出かけられない生活が続くと、単調な毎日に息苦しさを感じるときもあります。息抜きに外の空気が吸いたいときには、パン屋さんでお昼ごはんを調達してから近くの森林公園へ。紅茶をポットに詰めるだけの簡単ピクニックなら準備がラクなので、外出が制限されていたときの癒し時間になっていました。たまには携帯電話やパソコンから手を放し、ゆっくりと空を見上げて深呼吸をすると心も体も整う気がします。自然の中に身を委ねると、時間の呪縛からも解放されるよう。鳥の声や木々の葉音に耳を澄ますと、いつの間にか自分もその中に溶け込んでいくような心地よさ。都会の刺激のある場所に出かける楽しさとは真逆の、静かで豊かな時間を持つのもなかなかよいものです。

実家に帰っているときも母や夫を誘ってよくピクニックに出かけています。それが近くの湖畔だったり、わが家の庭や畑だったりすることも。母も嬉しそうに張り切ってお弁当のおかずを作ってくれるので、私はいつも甘えて詰めるだけの担当。水出しの煎茶を用意して、和菓子も忘れずに。景色を見ながら外で食べる、ただそれだけなのになんだかとても楽しくて。いつもの生活に少しだけ変化を与えてくれる、私の手軽なリフレッシュの方法です。

1　気持ちのいい初夏はギンガムチェックのピクニックシートに水出し煎茶と葛饅頭。笹の葉をお皿代わりに。

2　温かいダージリンティーをポットに詰めたら近所でパンを買うだけ。市場かごと麦わら帽子をお供に。

3　実家の裏の畑で。昆布締めしたタイの手まり寿司とハマグリのお吸い物で、春の訪れを祝う華やかな食卓。

句読点を打つ
ティータイム

お茶時間が欠かせないのは、ほっとするときが必要だから。仕事の日でもお休みの日でも一日に一度は必ずティータイムを設けるようにしています。

朝や仕事のときにはマグカップでたっぷりと。休日のお茶時間は特に大切にしています。お菓子に合わせて茶葉を選び、ゆっくりとていねいに紅茶をいれ、カップアンドソーサーで優雅に。紅茶用のカップは飲み口が広がっていて香りが立ちやすく、味わいとともに繊細な香りも楽しむことができます。

おやつは手作りの焼き菓子やプリン、たまにはお気に入りのケーキ屋さんで買ってくることも。お酒をあまり飲まない私は、休日の午後のお茶時間がとても楽しみなひととき。暮らしに句読点を打つうえでも欠かせない時間です。ひと息入れたら再びやる気が出るので、その流れのまま夕食の準備に取りかかるのがルーティンになっています。

仕事が立て込んでくるとオンとオフの切り替えがスムーズにいかなくて、上手にリラックスできない日もあります。金曜日の夜には忙しさから解放されるのですが、ついつい抱えている仕事のことを考えながらベッドに入る夜も。そんなときは眠りも浅く、早めに目が覚めてしまいます。

せっかく土曜の朝に早起きしたからと簡単なお菓子を気分転換に作ってみ

たところ、作業していくうちにどんどん頭の中がクリアになっていく感覚が心地よく「何だろう、この楽しさは！」と思いました。

レシピどおりに計量し、ただ淡々と集中して手を動かすだけという作業が、思った以上に頭を休めてくれ、自然とオフへと切り替わっていくような感じ。オーブンの中からおいしそうな香ばしい匂いが漂ってくるころには、すっかり仕事のことは忘れています。いそいそと紅茶をいれ、花を飾り、いつもより丹念にテーブルを整えたら、土曜日のお茶時間の始まりです。

自分で作るお菓子はそのときの気分で自由に粉の配合を変えたり、体にやさしい良質な素材を選んだりできるので、見た目が不揃いでもそれなりにおいしいものができ上がるのがいいところ。作る過程が楽しくてたくさん作りすぎたときには、職場へ持って行きスタッフみんなにお裾分け。今まで特に興味がなかったお菓子作りですが、新しい趣味としてもう少し掘り下げてみようかなと思っています。

よく作るのはリンゴのピザ、ハーブを混ぜたクッキー、果物のコンポートやスコーン。プリンは硬めが好き。

インドの思い出は紅茶とともに

1

1 見渡す限り、茶の木が山の斜面にびっしりと植えられ、すみずみまで美しい。

2 コルカタの紅茶取引所。この日はミルクに合うアッサムティーのテイスティング。

3 ダージリンのキャッスルトン茶園。摘んだ日と場所により茶葉が振り分けられる。

私が心からおいしいと思う「ウーフ」の紅茶。何年か前にそのサイトで「ダージリン茶園を巡る旅」のツアーを募集しているのを見つけ、この機会を逃すともう行くことはないと思い、後先考えずに申し込みをしました。

ダージリンはインドの北東に位置するヒマラヤ山系の一部、タイ経由でコルカタ（旧カルカッタ）にまず入り、国内線を乗り継ぎ、そこからジープで数時間かけてたどり着くはるかかなたの街。コルカタ空港に着いたのは真夜中の闇の中でしたが、雨期に入った6月のじっとりとまとわりつく重たい空気とスパイスの香りに、異国に来たな……とインドを肌で実感しました。

コルカタでは紅茶取引所を見学したり、歴史ある旧東インド会社の建物の中でテイスティングをしたり。紅茶ツアーのバスから見る初めてのインドの街並みに、ただただ驚きと興奮を覚え、移動中はずっと窓に張りついて瞬きもせず見入っていました。街路樹も大きくて、日差しも強烈、そして湿度も高く、すべてにおいて生命のエネルギーがバスの窓越しにひしひしと伝わってくるようでした。

翌日は国内線に乗り、さらに北のバグドグラ空港へ。そこからジープに分乗し3時間以上かけてダージリンの茶園へと向かいます。舗装されていても大穴が開いている道路は、常にガタガタと車を揺らし、大げさではなく何度も天井に頭がぶつかるといった具合です。1時間もすると揺れにも慣れてきて、体を上手に座席に委ねられるようになったのだけれど、くずれた道路から崖に落ちそうになったり、急なカーブで対向車とギリギリですれ違うごとに息を止めながら見守る、という緊張感のあるドライブでした。

　ダージリンタウンを抜けてどんどん山の中に入っていくと広大なお茶畑が見えてきます。畑というより山全部がお茶の木という壮大な景色に、言葉も出ません。この木々はまだインフラも整っていなかった１５０年以上も前に一本一本手で植えられており、それは想像を絶する大変な作業だったと思います。お茶を摘むのは主に女性の仕事。大きなかごを背負い、一日かけて摘んだ茶葉を、夕方茶園の中にある製茶工場に運び込みます。そこで一気に乾かし、揉捻《じゅうねん》・発酵という工程を経ておいしい紅茶へと加工されていきます。

　私が好きなダージリンティーが育つその風土や、垣間見ることができた紅茶作りの背景。それらに触れられただけでも行ってよかったと思いました。紅茶を飲むたび、作りたての紅茶の香りの記憶とともに、はるか遠いダージリンの茶園のことを思い出します。

4 ヴィクトリア記念堂。現地の方々に写真を一緒にと頼まれたのも楽しい思い出。

5 ダージリンのグームティー茶園にて。茶摘みを終えて一斉に引き上げる女性たち。

6 ジープに乗ってダージリンの茶園から茶園へ移動する間に見える景色もお茶畑。

一人時間にはお香をたいたりキャンドルを灯して、
心地よい緊張感の中で過ごすことも。

Chapter 3

無理なく自分を整える

メイクよりもオーラルケア

若いころは自分をどうきれいに見せるかが優先順位の上位にあり、メイク用品もひと通り揃えていました。ファンデーションを塗った後にビューラーとマスカラで目を大きく見せ、チークも必ず。ところが40歳を過ぎたころ大病を患ったことがきっかけで、これまでのようにあれこれと盛るメイクをする気になれなくなりました。表面の美しさより健康的な美こそが大切、とは病を経て感じたことのひとつです。今では簡単に肌を整えたら眉を描くだけのシンプルメイク、時短にもなってなかなか気に入っています。代わりに野生の青パパイヤから取れる酵素やアーモンドミルク、オメガ3のエゴマオイルなど、効果的に栄養を取り入れ、美容と体調に気を使うようになりました。

基礎化粧品は特別なものではなく、近所のドラッグストアなどで手軽に買えるものを中心に。肌の調子を整えるには頭皮も大切と聞いてからは、頭皮ケアのスプレーを使い朝晩マッサージしています。

ここ最近は体の抵抗力が衰えたのか、口内炎や歯茎の腫れなど口腔トラブルが続きました。疲れると弱いところに影響が出やすいので、日頃から早寝を心がけています。歯磨きは時間をかけてていねいに磨いていたつもりですが、一部分だけに力を入れすぎて歯茎が下がっていると歯医者さんに指摘されました。3か月に一度の診察のたびにちゃんと磨けているか指導してもらうのですが、力の加減や角度のつけ方などの細かいコツを会得するまでにはそれなりに時間がかかりました。体にやさしい処方の歯磨き粉を使い、一生自分の歯とつきあっていけるよう日々念入りにケアしています。

そして驚いたのは、食いしばりすぎて奥歯に亀裂が入っているとのこと！割れるほどの強い力がかかっていたのかと愕然としました。食いしばりは頭痛・肩凝り・腰痛・目まい・顎《がく》関節症など、さまざまな不調の原因となるようです。歯のかみ合わせは口の中で上下の歯が当たらない程度に軽く開いている状態が理想とのこと。いくら忙しくても、つらいことがあっても、歯を食いしばらず口角を上げて、笑顔でいきたいものです。これからのテーマは「メイクよりオーラルケア」。プラスする美しさより、マイナスの状態からゼロに近づける努力のほうが、自分のために必要なことなのだと思っています。

1 「プロスペックプラス」の歯ブラシ“スタンダードスリム”を使って念入りに。

2 スキンケアは大容量の「ハトムギ化粧水」を拭き取り用として使い「無印良品」の化粧水を重ねる。そのあとオリーブオイルか馬油で肌にふたをして保湿するという、朝晩無理なく続けられる簡単なお手入れ方法。妹に教えてもらった小豆島のオリーブオイルは、顔だけでなく髪や体にも。ビタミンAやスクワランなどの天然成分を多く含み、赤ちゃんにも使えるというやさしさが気に入っている。

運動は〝ながら〟で無理せず

1

毎晩、仕事や家事が終わるとお風呂に入って寝るのが精いっぱいで、なかなか運動をする時間がとれません。スポーツジムに通ったりして鍛えたほうがいいとわかってはいるけれど……。体のラインも気になり始め、筋肉や骨量が落ちていることも気がかりでした。このままではやっぱりよくないと思い、ながら時間でできそうな運動から取り入れてみることに。

まず始めたのはずっと気になっていた高反発素材のトランポリン。数分跳ぶだけで息が上がり、かなりの全身運動になるのですが、すごくきついというわけではないので、仕事から帰った直後に気分転換を兼ねて跳ぶことがここ最近のルーティンになりました。運動もできてストレス発散にもなり一石二鳥、もし挫折してトランポリンとして使わなくなったとしても、オットマンや椅子として使えるのもいいところ。

もうひとつは椅子の上に置いて座るだけで姿勢を正してくれるというシート。姿勢がよくなり骨盤が立ってくると、気のせいかお腹まわりもすっきりとしたように感じられます。職場の椅子に置いて仕事中に座るだけなので、無理なく取り入れることができました。運動は頑張りすぎず、少しずつ。いくつになっても「できることから始めてみる」ことが大切なんだと思います。

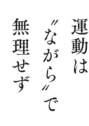

2

1 鞍から発想された「クラシート」。前後からお尻を包み込んで安定させ、美しい姿勢を保つことができる。

2 高反発素材のトランポリン「シェイプキューブ」は、マンションの天井を気にせず跳べて、場所も取らない。

音楽で気分をスイッチする

静かに心に染み入るピアノやギター、チェロにバイオリンの穏やかな音色は心の栄養素。CDは左から吉本宏さん選曲の『rêve』、伊藤ゴローさんの『GLASHAUS』、ヘニング・シュミートの『Klavierraum』と『Spazieren』。

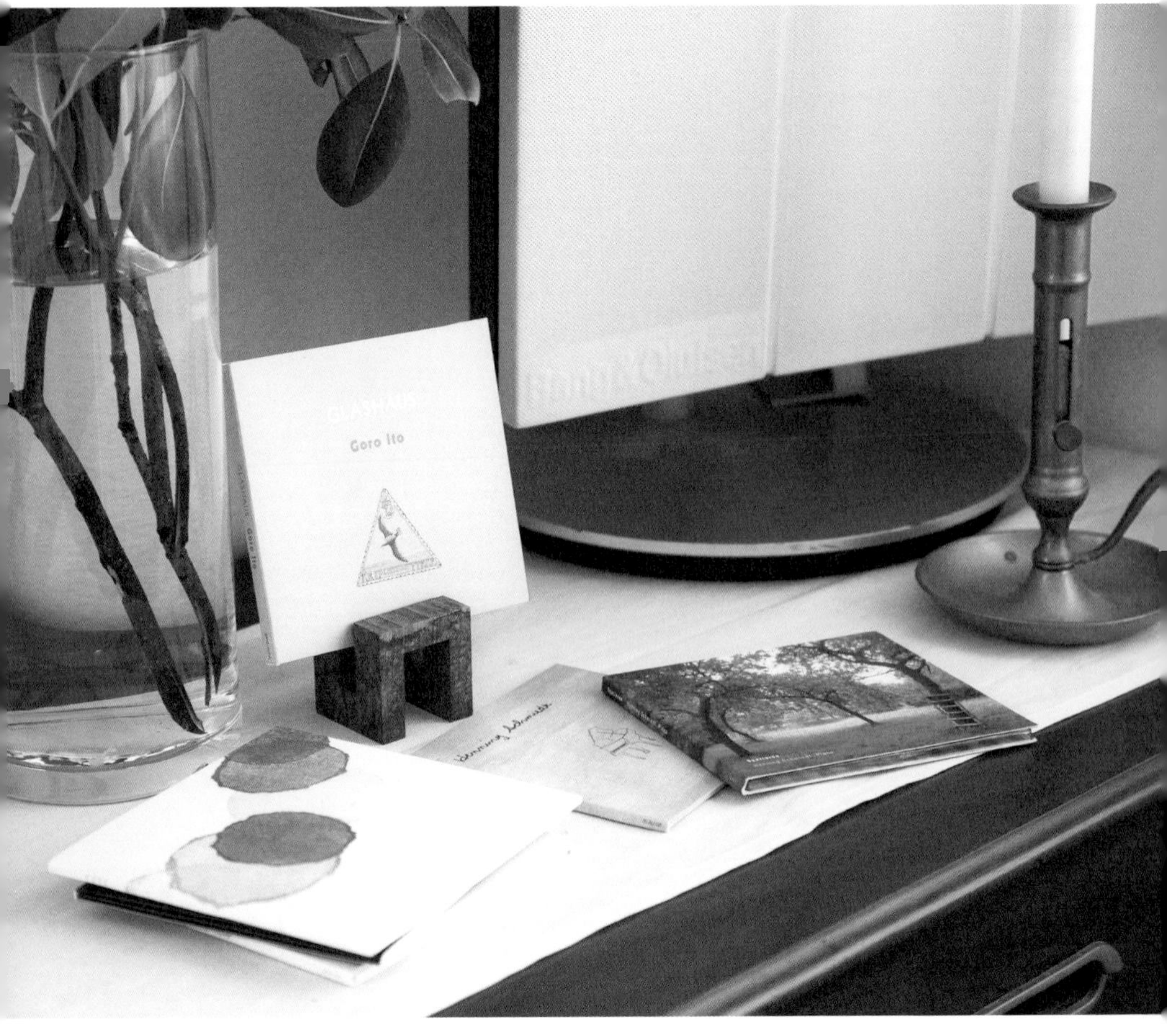

朝、夫が出勤してからの楽しみは、好きな音楽をかけること。掃除をしながら出かける準備をする慌ただしい朝には、心落ち着くバッハなどのバロック音楽をよく聴きます。バイオリンやチェロで構成する管弦楽が気持ちを静めてくれ、家事から仕事へと頭のスイッチが自然と切り替わっていきます。過ごす時間に合わせて音楽を選ぶと、暮らしにリズムが生まれてきます。たとえば洗濯物をたたむときに美しい曲が流れていると、それは面倒な家事時間ではなく、楽しいひとときに変わるのが音楽の素敵なところ。ドライブ中に見慣れた景色も映画のワンシーンのように見えてくるから不思議です。

新しい音楽との出会いは、新しい扉を開くきっかけにも。数年前アルゼンチンのアーティスト、カルロス・アギーレの音楽を聴いたとき、その内省的な音に思わず引き込まれました。日本人の琴線に触れるような、美しい抒情的な音色。アルゼンチンという国がとても気になるようになりました。その後、アレハンドラさんという女性がかの地で作るニットを知り、私のお店でも取り扱うことに。やさしく包み込まれるような自然な風合いは、どこかアギーレの音楽と似ています。それからは音楽を聴くたび「いつか地球の裏側のアルゼンチンを訪れてみたい」とはるかかなたに想いをはせています。

センスを磨くためにあえて絶望を

素敵なものを見たり触れたりすると気分が上がり、心の栄養となります。できれば「ダジャ」に来てくださるお客様には洋服を選ぶだけでなく、お店の佇まいから〝何か〟を感じ取ることで、少しでも豊かな気持ちになっていただけたらと願っています。毎朝みなで念入りに掃除をしたあと季節の植物を飾り、商品の陳列に細かく気を配ったら、その日の気分に合わせた音楽をかけます。洋服を取り巻く環境から生まれる〝調和する空気〟を求めて、あたかも修行僧のように集中して作業すると、すがすがしい気持ちに。

ただ、常に発信だけを続けていると、感性が鈍ったように思うことがあります。そんなときの私の対処法は「あえて絶望する」こと。「絶望」とは……自分がリスペクトしている場所に出かけて「あぁ、本当に素晴らしいなぁ」と心から感動すると同時に、「私は到底かなわない」と深く落ち込むこと。それがいい刺激となり、何かが自分の中で動き出すことがあります。

数年前にソール・ライターの写真展を見たときの衝撃は今も忘れません。何げなく見過ごしていた日常が見事に切り取られた世界観。私も写真を撮りたいと、カメラを勉強するきっかけになりました。自由に出かけられるようになったら憧れの場所リストを手に、ひとつずつ訪ねてみようと思います。

鳥取県の伯耆町《ほうきちょう》にある「植田正治《うえだしょうじ》写真美術館」はどこを切り取っても計算された美しさ。自分もアートの中に入り込んだような感覚に。

写真は自分を見直すツール

インスタグラムで「イタクラ日記」を始めてから7年がたちます。私の作ったルールは、朝出勤時にリアルな毎日のコーディネートを写真に残すこと。最近買った服を嬉しそうに着ている日もあれば、10年以上前の服を着ていることとも。トラディショナルでベーシックな服が好き、というのは一生変わらないと思うけれど、こうやって毎日写真を撮って観察すると、その年その年の自分的流行が見て取れるので、なかなかよい資料となっています。

特にコロナ禍が始まった2020年以降は洋服の着方がガラリと変化しました。家と職場の往復だけで寄り道もせず、遠くに出かけることもなくなり、友人知人と会う機会がぐっと減りました。人に「こう見せたい」というような力の入ったおしゃれは脇に置き、肩ひじ張らない自然体の着方が、その年を境に増えた気がします。

写真で自分の姿を客観的に見ると、鏡に映るのとはまた違った姿が見えてきます。これから自分のおしゃれはどのような方向に行ったらよいのか迷ったら、過去の写真の中から気に入ったスタイルをピックアップして深めていくのもよいかもしれません。時折、第三者の目で自分を見つめ直すことは、新しい自分を発見するための確かな方法だと思っています。

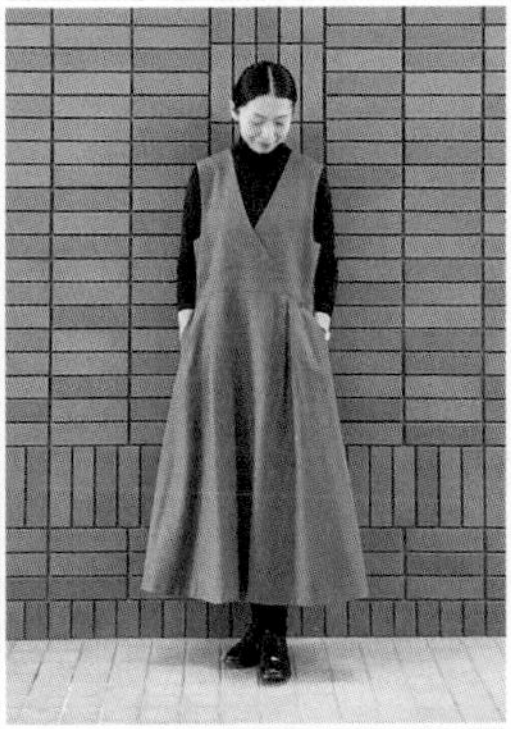
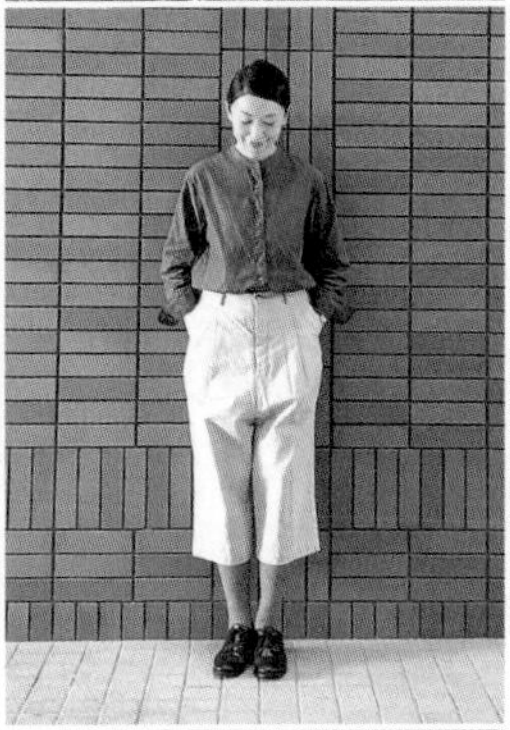

幸せの種は身近に

数年前は連休を取ることもままならず、体を休めて少し家のことを片づけたらもう夕飯作りと、あっという間に休日が終わっていました。突然のコロナ禍は、混乱と同時に、自由に使える週末の時間をもたらしてくれました。

せっかくなのでこの機に東西に長い島根県を旅してみようと思い立ちました。私の住む松江市は島根県の東側にあり、いちばん西側にある津和野まで約230キロ、車で約4時間の長い道のりです。今までは刺激の多い都会にこそ興味を引くものがある、と思っていたのですが、いやなかなか、私の住む島根も新しい驚きと発見でいっぱいです。

山陰地方の小京都と呼ばれる津和野へは数回訪れました。深い山々を抜けて見えてきたのは、画家・安野光雅氏の絵に描かれたかわいらしくて上品な街並み。ドライブの途中で道の駅に立ち寄りながら、その土地に根づいたおいしいものを見つけるのも旅の楽しみのひとつです。

そして島根の西部、石見《いわみ》地方。石見焼が作られている窯元のひとつ、石州《せきしゅう》宮内窯《みやうちがま》を訪ねてみました。〝はんど〟と呼ばれる大きな水がめは石見焼独特のもので、水道のなかった時代に水をためるものでした。今は傘立てにしたり、鉢カバーに見立ててインテリアとして楽しんだり。ふたがある小ぶりのかめは梅干しやみそ入れとして重宝されています。

島根の風土に溶け込んだ民芸の品々に触れると、手仕事から生まれた造形のおおらかさになごみ、とても心が落ち着きます。旅を重ねるごとに、ひとつひとつ手にしながら作家さんやお店の方のお話をうかがうのがとても楽しく、特に竹細工などは私も機会があれば習ってみたい、と強く思いました。「ダジャ」で働き始めたときから考えていたのは、洋服を通して暮らしを楽しむ提案をすること。そして将来は、洋服以外にも日々の暮らしを彩る器や工芸品も扱えたら……と、夢がふくらんでいます。忙しすぎて、立ち止まって足元すら見ることができなかったコロナ前の自分。今いる場所をよくよく見渡してみると「幸せの青い鳥」は案外身近にいたのに、気がついていなかっただけのようです。新しく出会った幸せの種をこれからも大切に育て、いつか美しい花を咲かせられますように、と日々願っています。

Epilogue

「つらいことがあったら、次はきっといいことがある」

あのときも、このときも、この言葉を呪文のように唱えながら、歯を食いしばって働いてきました。でも2020年に突然やってきた新型コロナウイルスの感染拡大は、予想もできなかったくらいの衝撃波。それまでは毎月のように出かけていた仕入れのための東京出張や、日本全国で開催されていたイベントへの参加はおろか、地元・松江のお店を開けることすらできないという苦しい日々が続きました。でも強制的に立ち止まってみると、こんなに時間を自由に使えたのは初めてのことかもしれません。自分自身に対しても〝働き方改革〟を断行したことで生活は朝型になり、料理を、花を楽しむゆとりも生まれました。洋服の着こなしも、あらためて自分らしく心地よくいられる方法を見つめ直した結果、よりシンプルにそぎ落とされていったような気がします。

静かに自分を見つめ直すことができる厳しい冬があるからこそ、やがて来る春の日差しがいっそう暖かく感じられます。人生も、めぐる季節を楽しむように味わうことができたら。

50代半ばになっても仕事や生活においてまだまだ未完成な私は、これからも、あちこちに頭をぶつけながら不器用に年を重ねていくのでしょう。そんな私だからこそ毎日をよくするために日々重ねている工夫。この本がみなさまにとって、ちょっといい明日に出会うためのヒントになりますように。

そんな願いを込めて。

撮影　伊東昌信
カバー、P. 002～003、006～063、066～083、
090～094、098、106～117、124～128

撮影協力　大山レークホテル
P. 002～003、076～077

マカラスター／
渡辺産業プレスルーム
P. 024～025、080～082

デザイン　高橋倫代

校閲　小川かつ子

編集　伊藤亜希子

明日、ちょっといい私に出会えたら

著者　板倉直子
編集人　森 水穂
発行人　倉次辰男
発行所　株式会社主婦と生活社
〒104-8357 東京都中央区京橋3-5-7
編集部　Tel 03-3563-5191
販売部　Tel 03-3563-5121
生産部　Tel 03-3563-5125
https://www.shufu.co.jp
製版所　東京カラーフォト・プロセス株式会社
印刷所　凸版印刷株式会社
製本所　株式会社若林製本工場
ISBN978-4-391-15758-1

板倉直子
Naoko Itakura

島根県松江市のセレクトショップ「ダジャ」のディレクター。『大人になったら、着たい服』でトラッドを基本にした私服コーディネートが紹介されると、マニッシュな中に大人の女性らしさがあると大評判に。日々の着こなしや暮らしぶりを紹介したインスタグラムも人気。現在は、ファッションブランド「ハンドルームウィメンズ」のディレクションも手がける。著書に『大人のための かしこい衣服計画』『頑張らないおしゃれ』（ともに主婦と生活社）がある。
Instagram @itakuranaoko

Daja
島根県松江市学園南2-12-5
HOYOパークサイドビル 1F

Tel 0852-24-0112
http://www.allo-daja.com

[Dajaオンラインストア]
https://daja-online.com

※本書に掲載されている服や小物に関するお問い合わせは「ダジャ」へお願いいたします。現在は入手できないものや仕様が変更されているものもありますので、何卒ご理解くださいますようお願いいたします。
※本書には『大人になったら、着たい服』、Web「暮らしとおしゃれの編集室」で使用した写真を一部再掲載しております。